DOC EN POCHE
PLACE AU DÉBAT

Crise ou changement de modèle ?

Élie Cohen
économiste, directeur de recherche CNRS-Sciences Po

La documentation Française

DOC EN POCHE
PLACE AU DÉBAT

Responsable de la collection
et direction du titre
Isabelle Flahault

Secrétariat de rédaction
Martine Paradis

Conception graphique
Sandra Lumbroso
Bernard Vaneville

Mise en page
Dominique Sauvage

Édition
Dagmar Rolf

Promotion
Stéphane Wolff

ISBN : 978-2-11-009436-0

Sommaire

Préambule

Crise des subprimes *ou des souverains, bulle internet ou des Émergents, krach de 1929 ou de 1987, notre horizon est envahi par ces énoncés qui suggèrent le désordre économique, le chaos financier et le malheur social.*
Mais notre compréhension des phénomènes en cause est piégée par ces énoncés, car il est des krachs qui ne sont pas suivis de crises comme en 1987, des bulles qui éclatent sans provoquer de crises systémiques comme la bulle du numérique et des crises qui durent sans bulles ni krachs comme la crise larvée de la zone euro.
Par ailleurs, pendant la crise, si l'on ose dire, la croissance continue, le rattrapage s'accélère et les inégalités entre nations reculent.

Comment rendre compte de réalités aussi contradictoires ?

On pourrait faire un usage plus rigoureux des mots. Réserver le terme de crise à un changement d'état, à un passage d'un ordre économique à un autre reprenant ainsi la vieille définition gramscienne de la crise comme passage d'un monde ancien qui tarde à mourir vers un monde nouveau qui tarde à naître. On pourrait rappeler que la formation de bulles est un processus inhérent à la finance car la valeur d'un actif est une promesse, qui elle-même est conditionnée par les modes de financement disponibles. On pourrait enfin réserver le terme de krach à des événements singuliers, brutaux, ponctuels. Cet effort de rigueur sémantique, pour utile qu'il soit, ne règle pas tout, car dans la crise que nous connaissons depuis 2007, il y a bien eu éclatement de la bulle immobilière, krach de Lehman Brothers et crise rampante.

D'où la tentation de la grande explication ! Depuis la fin des Trente Glorieuses, on a le sentiment d'une crise continue dont les caractéristiques sont une moindre croissance, une stagnation des revenus salariaux, un développement des inégalités, la multiplication des accidents financiers et la tentation est grande de les attribuer à un changement de modèle économique avec le passage à la mondialisation, à un épuisement du progrès technique, au triomphe de la finance, à l'épuisement des ressources naturelles et énergétiques. Mais les faits sont rebelles. Au cours des quarante dernières années, la croissance mondiale s'est accélérée, nombre de pays en développement ont émergé, la pauvreté a reculé et notre univers de consommation s'est peuplé d'objets naguère inconnus et aujourd'hui devenus indispensables. La planète financière s'est certes hypertrophiée, les accidents se sont multipliés, les États ont été mis à contribution, mais la finance a bien participé à cette croissance ne serait-ce que parce qu'elle a recyclé les capitaux excédentaires des uns et mis en place les financements nécessaires aux autres.

Comprendre les causes, mettre à jour les mécanismes

Ce livre-entretien n'a pas d'autre ambition que de tenter de comprendre, de mettre à jour les causes et les enchaînements qui produisent les crises, et d'analyser les mécanismes économiques et financiers qui permettent d'en rendre compte. La méthode est simple, elle consiste à considérer chacun des faits générateurs d'une crise (un krach, une bulle…) comme un révélateur ponctuel d'un dysfonctionnement du système qu'il faut identifier, mais aussi comme une fenêtre sur des transformations plus sourdes, plus anciennes du modèle économique qui se révèlent à la faveur de la crise. Il devient ainsi possible de relativiser la portée des grandes explications.

Ce livre-entretien s'organise donc autour de cinq chapitres.

Dans un premier temps, on tente de planter le décor en présentant la séquence des crises, bulles et krachs qui se sont succédé depuis 1974 et en les mettant face aux discours qui prétendent en rendre compte globalement. On constate que les crises de dettes souveraines ont fait le tour du monde n'épargnant ni les pays émergents, ni les pays développés, que les bulles d'actifs se sont multipliées ainsi que les krachs sans lendemain et que les grandes explications n'emportent guère la conviction.

D'où l'attention particulière portée dans le chapitre 2 à la crise systémique maîtrisée qui a démarré en 2007 et dont nous vivons encore les effets. L'attention portée aux mécanismes de propagation d'une crise survenue sur une catégorie d'actifs financiers et qui, par vagues successives, a gagné la planète entière révèle les effets non anticipés de l'autonomisation de la sphère financière et les impasses de la régulation publique.

Le retour de la puissance publique dans sa forme mondiale avec le G20, la Banque des règlements internationaux (BRI) ou le Fonds monétaire international (FMI), européenne avec la Banque centrale européenne (BCE) ou le Fonds européen de stabilité financière (FESF), et nationale avec les politiques contra-cycliques, réglementaires et sectorielles est l'objet du chapitre 3. La question à laquelle il convient de répondre est de savoir si, instruits par le risque systémique, les pouvoirs publics ont été capables d'adopter à chaud les régulations appropriées.

Dans le chapitre 4, on s'intéresse plus spécifiquement à la France, un pays qui au plus fort de la crise résiste mieux que ses voisins, mais qui semble incapable de rebondir quand la reprise se dessine.

Enfin, dans un chapitre conclusif, on revient sur la question initiale – crise ou grande transformation – pour dessiner les traits du changement de modèle de développement et d'organisation économique.

Ce livre-entretien ne défend pas une thèse et ne prétend pas substituer un grand discours aux autres, il entend plus modestement mettre à nu des mécanismes, s'interroger sur l'absence durable de réactions face aux signaux faibles constatés et faire le point sur les mesures de remédiation prises. Tout au plus, peut-on affirmer qu'hier comme aujourd'hui le refus de prendre en compte les problèmes quand ils apparaissent a conduit et conduira à la multiplication des crises.

Chapitre 1

Une crise permanente ?

Depuis 2007, le monde est en crise. Mais avant cela, il a connu notamment les crises pétrolières de 1973 et 1979, des krachs boursiers en 1987 et 2001, l'éclatement de la bulle internet sans compter les crises des pays émergents. Est-il toujours pertinent de parler de crise lorsque celle-ci semble avoir été permanente depuis quarante ans ? Que nous ont appris ces crises ? Comment expliquer leur fréquence ?

››› ***Depuis 2007, le mot crise est omniprésent : crise des* subprimes*, bancaire, des dettes publiques... Le qualificatif change mais le mot reste. Une crise peut-elle être si longue ?***

‹‹‹‹‹ On ne cesse de parler de crise, mais pas seulement depuis cinq ans. Depuis que j'ai atteint l'âge adulte au début des années 1970, je ne connais que la crise. Cela pose un vrai problème, parce que nous ne pouvons pas être en permanence dans un état de rupture, de dysfonctionnement, de transition ou alors nous ne savons plus analyser le monde dans lequel nous vivons.

Pour rappel, les années 1970 s'ouvrent avec la crise du système monétaire international et des institutions issues des accords de Bretton Woods de 1944 qui régissaient depuis lors ce système.

Bretton Woods : qu'est-ce que c'est ?

Ce sont des accords économiques signés le 22 juillet 1944 à Bretton Woods aux États-Unis. Ils organisent le nouvel ordre financier mondial après la Seconde Guerre mondiale. Trois semaines de débats réunissant des représentants de 44 nations alliées ont été nécessaires pour parvenir à ces accords. Ils prévoyaient le rattachement de toutes les monnaies (ex. : le franc) au dollar selon une parité fixe, le dollar étant lui-même défini en or, au taux de 35 dollars l'once d'or. L'économiste John Maynard Keynes dirigeait la délégation anglaise et s'est opposé à ces accords. Pierre Mendès France représentait la France. Les accords de Bretton Woods ont aussi créé le Fonds monétaire international (FMI) et la Banque mondiale.

Elle se traduit par la fin de la convertibilité en or du dollar en juillet 1971 et le début de la grande instabilité des taux de change des monnaies avec l'adoption du régime de « changes flottants » en mars 1973.

Peu de temps après en 1973 intervient le premier choc pétrolier suivi par les bouleversements liés à la folle envolée des prix de l'énergie. Le prix du baril (159 litres) de pétrole de référence est alors passé de 3,6 dollars en moyenne en 1972 à 11,65 dollars en décembre 1973. Ce premier choc est très vite suivi en 1979 d'un second qui amplifie l'inflation – c'est-à-dire l'augmentation rapide des prix qui induit une boucle prix-salaires incontrôlable –, la hausse des prix dans les pays occidentaux dépasse alors les 10 %. Ensuite, au début des années 1980, c'est la crise de la dette des pays d'Amérique latine. Elle a été déclenchée en août 1982 par l'annonce du gouvernement mexicain de suspendre les paiements de sa dette. La dette extérieure des pays latino-américains était alors passée de 75 à 315 milliards de dollars entre 1975 et 1983. Le 19 octobre 1987, un krach boursier (« *Black Monday* ») laisse tout le monde interdit. On découvre à cette occasion les effets des programmes informatiques automatiques de vente d'actions et les perturbations qu'ils introduisent dans cette catégorie particulière d'actifs.

Entre 1994 et 1995, la crise financière mexicaine rebondit. Puis, en 1997-1998, c'est au tour des pays asiatiques de connaître des crises de balance des paiements. On découvre alors, à la fois, les problèmes d'endettement, de taux de change, de dette souveraine, accompagnés de crises immobilières, des pays émergents. Se succèdent ainsi, entre 1998 et 2002, toute une série de crises de la dette dans plusieurs de ces pays : la Russie, le Brésil, l'Argentine et la Turquie.

Dans le même temps, en 1998, se joue une crise majeure, celle de LTCM (Long Term Capital Management). Ce fonds d'investissement (*hedge fund*) créé en 1994 se trouve au bord de la faillite en septembre 1998. Il avait, en effet, fait le pari d'un retour rapide à la normale après la crise asiatique de 1997 et non celui d'une propagation vers la Russie. Si une crise du système est évitée, on comprend que le développement de produits financiers très sophistiqués, avec de forts effets de levier (accroissement de la rentabilité des capitaux investis par l'endettement lorsque les taux d'intérêt, qui représentent le coût de la dette, sont moins élevés que la rentabilité de l'investissement qu'il permet de financer), peut avoir des impacts perturbateurs sur tous les marchés financiers, qu'ils soient de titres, d'actions, de dette. On découvre également que ces différentes classes d'actifs sont corrélées – c'est-à-dire que leurs évolutions sont liées –, et non pas décorrélées comme on le pensait jusqu'ici.

Les pays émergents, une définition ?

Cette expression est apparue dans les années 1980. Elle désigne un ensemble hétérogène de pays en développement dont l'économie en transition s'insère progressivement dans le jeu mondial par le biais du commerce ou de la finance. Leur produit intérieur brut (PIB) par habitant connaît une croissance très forte même s'il se situe encore à un niveau inférieur à celui des pays développés. Le cœur de cet ensemble est composé des BRIC (Brésil, Russie, Inde, Chine) auxquels peuvent s'ajouter notamment l'Afrique du Sud, l'Argentine, la Corée du Sud.

Ensuite, en 2001-2002, interviennent le krach de la nouvelle économie et l'éclatement de la « bulle internet », puis la faillite d'Enron, courtier américain en énergie, alors que la société d'audit Arthur Andersen avait validé la bonne tenue de ses comptes. À partir de ce moment, le doute s'installe à l'égard de la « filière des comptes ». La sincérité même des comptes des entreprises est remise en cause, tout comme le crédit accordé aux intermédiaires de confiance que sont les cabinets d'audit, les agences de notation, etc.

Enfin, en 2007, c'est le début de la crise des *subprimes* et, en 2009, celui de la crise de l'euro. Depuis 40 ans, nous sommes donc en crise.

››› *Mais une crise de 40 ans, est-ce vraiment possible ?*

‹‹‹‹‹ D'un certain point de vue, cela n'a pas beaucoup de sens de dire que nous sommes en crise depuis 40 ans. En effet, pendant cette période, la richesse des Français, par exemple, a crû régulièrement entre 1974 et 2012, même si le rythme annuel s'est infléchi de 5 % avant la crise à 0 % aujourd'hui. Qu'est-ce qu'une crise au cours de laquelle la richesse des Français progresse ? Par ailleurs, en limitant la réflexion à la crise des *subprimes,* entre son début et aujourd'hui, la richesse de la Chine a augmenté de 60 %, alors qu'elle a complètement stagné en France. Qu'est-ce qu'une crise mondiale qui peut avoir des conséquences aussi différentes ?

Et puis surtout, sur les quarante dernières années, la double dichotomie géopolitique et géoéconomique – Nord-Sud, Est-Ouest –, qui structurait l'ensemble de la planète, a disparu. Concernant le clivage Nord-Sud, l'usage successif des expressions « pays en voie de développement », « pays ateliers », « nouveaux pays industriels », « pays émergents » puis « pays émergés » et aujourd'hui « pays convergents » souligne la formidable évolution économique qui a eu lieu dans ces États. Pour le grand clivage Est-Ouest, il n'est plus nécessaire de développer les conséquences de l'effondrement du mur de Berlin en novembre 1989. Depuis cette date, la planète est unifiée économiquement et régie par un même système d'échange organisé par des institutions comme l'Organisation mondiale du commerce (OMC), le Fonds monétaire international (FMI), la Banque des règlements internationaux (BRI). Aux niveaux géopolitique et géoéconomique, le monde a donc véritablement changé de bases.

C'est aussi vrai au niveau des technologies et des biens qui composent notre horizon quotidien. Ainsi, le téléphone mobile ne se glissait pas encore dans notre poche au début de la période et internet n'existait pas. La carte du génome humain n'avait pas été dressée et nul ne songeait à une médecine prédictive personnalisée. Ce sont des changements majeurs de notre univers quotidien.

Bouleversements géopolitiques et géoéconomiques, technologiques et industriels, mais aussi énergétiques. En effet, sans les chocs pétroliers de la fin des années 1970, le développement du nucléaire, tout comme celui des énergies renouvelables, n'aurait pas eu lieu. De plus, au début de la période, les enjeux climatiques et le thème du réchauffement de la planète étaient complètement absents. Les guerres ou les mouvements de populations induits par ce réchauffement n'étaient pas non plus évoqués. On ne peut donc pas se contenter de parler de crise, alors qu'en fait nous avons assisté pendant 40 ans à de formidables bouleversements.

››› ***Des hypothèses avaient-elles été avancées à l'époque pour expliquer ces crises successives ?***

‹‹‹‹‹ Bien entendu, en situation de crise, la tentation des grandes explications simplificatrices et unificatrices s'est exercée. Quatre discours ont donc été tour à tour convoqués pour expliquer ces grands bouleversements, qu'on pourrait qualifier de « grande transformation » pour reprendre le titre du livre majeur de l'économiste hongrois Karl Polanyi (1886-1964).

Le premier discours est celui de la mondialisation et du basculement du monde. Il pose la fin des clivages Nord-Sud et Est-Ouest et l'unification de la planète : *the borderless world* (le monde sans frontières). La représentation du monde devient celle d'un ensemble fini, parcouru de flux d'échanges de biens, de monnaies, d'informations, de transactions financières. Cette planète totalement unifiée voit alors disparaître les régimes économiques alternatifs au capitalisme. C'est ainsi la fin du communisme, mais aussi celle des modèles de développement autocentré des pays du Sud face au modèle capitaliste des pays du Nord. C'est même la disparition des variétés de capitalismes qui s'étaient développées jusqu'ici en Europe, avec par exemple un capitalisme de type colbertiste en France, au profit d'un capitalisme anglo-saxon libéral, financier, dérégulé. Pour résumer, il s'agit d'une grande unification du monde avec une libéralisation et une globalisation des échanges mais également de la finance.

Ce monde unifié a contribué à la prospérité des pays émergents. Une immense classe moyenne y est apparue. Elle comptera sans doute 4 milliards d'individus d'ici dix ans. L'écart de richesse entre les pays développés et moins développés s'est réduit, le niveau de l'extrême pauvreté a été divisé par deux entre 1993 et 2013 (moins de 1,25 dollar de revenu quotidien). Pour ne prendre qu'un exemple, entre 1994 et 2010, 400 millions de Chinois sont sortis de la pauvreté. En même temps, cette globalisation a eu des effets disruptifs sur les pays développés sous l'effet de la progression de la désindustrialisation, de l'apparition d'une nouvelle division internationale du travail, des différentiels de rythmes de croissance entre pays développés et émergents, avec le creusement des inégalités. En effet, le grand paradoxe de la mondialisation réside dans la réduction des inégalités au niveau mondial entre pays et leur accroissement au sein des nations. Ce paradoxe s'explique en grande partie par le phénomène de spécialisation et de polarisation économiques. Ainsi, dans un même pays, les élites insérées dans la mondialisation bénéficient à plein de ces effets et augmentent leur « part du gâteau », tandis que d'autres catégories de la population subissent de plein fouet la disparition des grands centres industriels et la concurrence des pays émergents. Pour ces dernières, les emplois alternatifs sont soit inabordables, en raison de leur faible niveau de qualification, car localisés dans le secteur *high-tech*, soit résident dans les services peu qualifiés. Il est donc trop simple d'opposer la mondialisation heureuse dans un premier temps à la mondialisation malheureuse ensuite, car elle a eu tous ces effets en même temps. Elle a permis à la fois la réduction des inégalités entre pays développés et en développement, l'apparition d'une classe moyenne dans les pays émergents, accru les inégalités sociales internes aux pays développés et contribué à tirer vers le bas les protections statutaires de leurs salariés. La mondialisation est un phénomène heureux pour les uns, malheureux pour les autres dans un même temps, mais pas successivement.

Par ailleurs, un autre volet de ce modèle explicatif voulait que cette mondialisation soit essentiellement l'œuvre des grandes multinationales occidentales pour leur propre bénéfice. Si cela a été vrai dans un premier temps – les grandes entreprises, notamment américaines, ayant pu recourir aux ateliers de main-d'œuvre peu chère, délocalisés au Vietnam ou en Chine, et ainsi améliorer leur rentabilité –, aujourd'hui ce sont les grandes multinationales des pays émergents qui remportent de nombreux marchés. Ainsi, par exemple, le chinois Huawei, dans le domaine des technologies de l'information et de la communication, concurrence aujourd'hui les producteurs d'équipements télécoms européens. Toujours dans le domaine des télécoms, des empires ont été constitués comme celui de l'Égyptien Naguib Sawiris (Orascom Telecom Holding) ou de l'Indien Anil Ambani. Les entreprises turques du secteur du bâtiment et des travaux publics occupent une place croissante dans les grands projets de construction. Le phénomène multinational n'est donc pas la chasse gardée des pays développés.

La mondialisation, c'est à la fois et dans le même temps l'émergence de nouveaux continents ouverts à la prospérité économique, la disponibilité de milliards de bras nouveaux pour la production, mais aussi la perte relative de puissance absolument inévitable des pays développés.

Économies des pays émergents et développés : couplage *or not* couplage ?

Il est intéressant de noter que ces interrogations sur la mondialisation interviennent en permanence au cours de la période étudiée. Par exemple, l'un des grands débats économiques qui s'est développé à la faveur de la crise des *subprimes* portait sur le couplage (ou corrélation) conjoncturel ou non des pays émergents aux pays développés. Juste avant la crise, la thèse défendue était celle du découplage. Les pays émergents avaient acquis une telle dynamique de croissance autonome, un tel poids économique et un tel niveau d'échanges entre eux, qu'ils ne pouvaient pas être atteints par une crise qui toucherait les pays développés. Or, la Chine, l'Inde, le Brésil ont décroché en même temps que les États-Unis. On en a alors conclu que finalement cette idée de découplage ne tenait pas et que le couplage de ces économies restait valide. Cependant deux ans plus tard (en 2012), on constate que la zone euro connaît une croissance négative alors que tous les pays émergents sont repartis de l'avant. Cela montre tout simplement que si le poids économique des Émergents a considérablement progressé, si leurs facteurs de développement interne commencent à avoir un certain effet économique, quand la première zone de l'économie mondiale est en dépression, aucun pays ne peut rester indemne.

››› *Quel a été le deuxième grand discours pour expliquer les crises que nous avons traversées ?*

‹‹‹‹‹ Ce deuxième discours explique les grandes mutations économiques, essentiellement par des évolutions énergétiques. Selon ce récit, l'abondance d'énergie bon marché a été le moteur de la croissance économique du monde développé de l'après-guerre. D'autres insistent sur l'importation des technologies américaines disponibles et sur l'utilisation d'une main-d'œuvre, notamment agricole, jusqu'alors sous-employée. Mais pour l'expert français Jean-Marc Jancovici, qui est le tenant de cette thèse énergétique de la croissance, c'est la profusion énergétique qui a permis de réaliser des gains de productivité importants et faciles. Ainsi, selon lui, « pour tout travail mécanique, cela coûte *mille à dix mille fois moins cher* [...] d'utiliser un moteur que de recourir à du travail humain payé avec des salaires occidentaux » (*Changer le monde. Tout un programme !*, 2011).

En 1972, la publication par le Club de Rome de son premier rapport, *Halte à la croissance ?*, fait prendre conscience du possible épuisement de cette énergie abondante et peu chère. La pérennité de ce modèle de croissance commence à être questionnée. Les visions « déclinistes » de l'économie apparaissent alors et les débats portant sur la fin d'une ère de « croissance facile » se développent. Cette perspective de tarissement des sources d'énergie bon marché conduit à la révision du *mix* énergétique et à la mise en place d'une économie plus sobre en énergie, notamment en Europe. Des recherches sont alors menées sur les énergies renouvelables, puis abandonnées quand le prix du pétrole se remet à baisser. La grande explication énergétique s'éloigne pour un temps.

Mais lorsque les angoisses climatiques refont surface, à partir de 1990, sous l'effet des travaux du GIEC (Groupe d'experts intergouvernemental sur l'évolution du climat), de la reprise à la hausse des prix du pétrole et qu'à nouveau, avec la thématique du *peak oil* (pic pétrolier) – moment où la production mondiale de pétrole plafonne avant de baisser du fait de l'épuisement des réserves de pétrole exploitables –, la perspective de l'épuisement de cette ressource est évoquée, ce récit revient au premier plan. Ainsi, Jean-Marc Jancovici explique le ralentissement durable des économies et la crise que nous connaissons aujourd'hui par l'épuisement de cette ressource formidable.

Un troisième récit a également traversé toute la période : celui du progrès technique. Il permet d'expliquer à la fois les périodes de croissance, qui seraient nourries par ce progrès technique, mais aussi les phases de ralentissement économique, provoquées par son épuisement. Pendant les années 1970, on a beaucoup débattu sur ce thème. Le progrès technique avait porté la croissance d'avant la crise parce qu'il avait été assimilé par des « pays en rattrapage ». L'adoption des inventions et technologies américaines par l'Europe et le Japon a alors soutenu la croissance mondiale. Ces pays auraient donc bénéficié, quasiment en passagers clandestins, de toutes les innovations développées aux États-Unis avant et pendant la Grande Crise de 1929 ou durant la Seconde Guerre mondiale.

Après 1974, le rythme de croissance se casse, notamment en Europe. L'explication alors avancée est celle du tarissement du progrès technique. Mais lorsque l'activité économique reprend dans les années 1980, la thématique de l'épuisement disparaît. Néanmoins, un certain nombre d'économistes soutiennent que la révolution de l'informatique et des nouvelles technologies, en cours à cette époque, n'est pas aussi décisive pour la croissance de l'économie que la révolution de l'électricité. Elle ne fournirait pas les mêmes gains de productivité que la première et la deuxième révolutions industrielles. C'est la thèse développée à la fin des années 1980 par l'économiste et prix Nobel américain Robert Solow, qui explique voir alors des ordinateurs partout sauf dans les statistiques de productivité (« paradoxe de Solow »). Se développe à nouveau un discours de déploration autour de l'épuisement des progrès techniques. Puis, à partir du milieu des années 1990, la reprise de la croissance, notamment aux États-Unis, avec des gains de productivité formidables liés justement à l'utilisation croissante de ces technologies de l'information et à la révolution internet, change encore radicalement le discours. On bascule dans l'euphorie incarnée par Alan Greenspan, président de la Réserve fédérale américaine (la banque centrale des États-Unis) de 1987 à 2006. Pour lui, les nouvelles technologies de l'information et la mondialisation mettent fin à la crise et à la possibilité même de crise. En effet, à partir du moment où l'économie est ouverte et soutenue par des échanges mondiaux, les tensions sectorielles, facteurs d'inflation, disparaissent. Le moindre besoin peut être satisfait par des productions réalisées à l'autre bout du monde, en Chine et ailleurs. D'autre part, les nouvelles technologies de l'information permettent d'avoir recours – et d'en tirer le meilleur parti – au « stock » de compétences et de bras de la planète. Il est désormais possible d'organiser une sorte d'immense atelier mondial. La combinaison de l'ouverture de l'économie, du développement des technologies de l'information, de l'effondrement des coûts de transport et de « la mort de la distance » grâce à l'invention des containers – caissons métalliques aux dimensions normalisées, ce qui les rend facilement transbordables d'un mode de transport à un autre et réduit les temps de chargement et de déchargement – permet d'optimiser la production sur la surface de la planète et de se déplacer facilement.

Et puis, phénomène classique, dans la crise actuelle, les gains de productivité diminuent, l'économie ne repart pas comme elle le devrait, les taux de croissance potentiels baissent. Des économistes éminents comme les Américains Robert Gordon, grand spécialiste de ces questions de productivité, ou Tyler Cowen expliquent ces difficultés à nouveau par l'épuisement de la vague actuelle de progrès technique. Le discours selon lequel la révolution de l'internet n'engendre pas des gains de productivité aussi importants que ceux des précédentes révolutions industrielles refait surface.

››› ***Les défenseurs de la révolution des nouvelles technologies ne mettent-ils pas en avant la difficulté de mesurer leur impact sur l'économie pour contrer ce point de vue ? Cette révolution n'aurait pas les résultats escomptés parce que ses effets ne seraient pas bien quantifiés ?***

‹‹‹‹‹ Cette question de la mesure intervient beaucoup dans le débat sur la productivité, mais aussi partout. Comment, par exemple, mesurer la différence de qualité d'un ordinateur par rapport à un autre, lorsque ce nouveau produit offre de très nombreuses fonctionnalités inédites dont on ne se sert pas ? Un effet de différence de qualité lié à un contenu technologique différent existe pourtant bien. La question de la mesure devient fondamentalement importante.

Il est cependant très amusant de constater que les trois grand discours explicatifs des crises que nous venons d'évoquer comportent à la fois un volet positif et un volet négatif. Aucun d'entre eux ne permet de rendre compte de l'ensemble des évolutions observées sur la période, ni des variations dans le temps d'un même phénomène, ce qui prouve leur faiblesse. Et pourtant, ils sont présents de façon permanente depuis 40 ans.

››› ***En est-il de même avec le quatrième et dernier récit explicatif des crises ?***

‹‹‹‹‹ Ce dernier récit est celui de la finance, de sa globalisation, de sa libéralisation et de sa déréglementation. Il semble, quant à lui, fonctionner de manière univoque. Selon ce discours, lorsque le monde était « fermé », compartimenté entre États-nations conservant chacun la maîtrise de sa monnaie, de ses taux de change, de son système bancaire et de sa réglementation financière, une crise financière ne pouvait pas, par définition, se propager et emporter les différentes catégories d'actifs (actions, obligations...) et les pays impliqués en les faisant s'écrouler les uns après les autres comme des châteaux de cartes.

››› ***Même après la crise de 1929 ?***

‹‹‹‹‹ Oui justement, après la crise de 1929. C'est l'ordre financier international bâti après 1929 qui est en crise aujourd'hui. La grande décision prise aux États-Unis à cette époque a été le *Glass-Steagall Act* (GSA) de 1933. C'est une loi financière fondée sur le principe de séparation et de spécialisation des activités bancaires. Il reposait sur l'idée que pour éviter la contagion financière, les menaces sur les économies des petits déposants et les perturbations du financement de l'économie réelle par une crise liée à la spéculation, le système financier devait être organisé selon une double coupure verticale et horizontale.

Le *Glass-Steagall Act*

C'est le nom sous lequel est plus connu le *Banking Act*, loi bancaire, adopté le 16 juin 1933. Il lui vient du rôle important joué pendant son vote par le sénateur Carter Glass et le représentant Henry Steagall. Sa mesure centrale est l'interdiction pour une banque de cumuler les activités de dépôt et d'investissement. Elle s'accompagne aussi d'un plafonnement des taux d'intérêt sur les dépôts bancaires et d'un système fédéral d'assurance de ces dépôts afin de limiter la volatilité des taux et de protéger les épargnants.

Le *Glass-Steagall Act* a été abrogé le 12 novembre 1999 par le *Financial Services Modernization Act*. Sa suppression a permis la constitution de grands groupes bancaires comme Citigroup.

Cela impliquait en premier lieu que les différents métiers de la banque ou de la finance soient exercés par des organismes spécialisés. La banque de détail doit faire de la banque de détail, la banque de gros doit faire de la banque de gros, le *brokerage* (commerce de titres) doit être effectué par un spécialiste, l'activité d'assurance doit être prise en charge par des sociétés d'assurance, etc. La première dimension est donc la spécialisation par métier.

La seconde dimension est la limitation de la taille des acteurs financiers pour éviter qu'une banque n'acquière un poids économique trop important afin que sa chute éventuelle n'entraîne pas de lourds dommages économiques. Est alors posé aux États-Unis le principe selon lequel une banque commerciale ne peut pas exercer ses activités dans plus de deux États à la fois. Les grandes banques ne peuvent donc pas se développer sur l'ensemble du territoire.

Le modèle bancaire à l'œuvre un peu partout dans le monde est fragmenté et spécialisé dans un contexte où la libre circulation des capitaux n'est pas encore en place et où les différents États disposent de la pleine maîtrise de leurs politiques monétaire et financière. Dans ces conditions, la période allant de l'immédiat après-guerre au début des années 1970 a connu une prospérité réelle, à l'abri du risque financier.

Mais ensuite, les crises de change apparaissent avec la fin de la convertibilité-or du dollar. Et la finance moderne va proposer des solutions. En effet, quand les monnaies se mettent à fluctuer les unes par rapport aux autres, l'amplification des risques de change pour les industriels devient un problème. Si votre métier d'industriel est de fabriquer et d'exporter une voiture, vous cherchez à innover, à comprimer les coûts de production pas à gérer les taux de change. L'industriel ne peut pas spéculer sur les monnaies entre le début et la fin du processus de production du véhicule. Les industriels cherchent alors à éviter ces risques liés à la fluctuation des changes. Les couvertures de change se développent et constituent un premier type de produit financier. Sur le moment, cela ne pose pas de question particulière.

Le second problème pour le producteur a trait aux taux d'intérêt. Prenons toujours l'exemple d'un industriel. En période d'investissement lourd, cet industriel est capable de déterminer la rentabilité de son investissement en s'appuyant sur ses connaissances des coûts de production. En revanche, il existe un risque lié aux taux d'intérêt que l'industriel n'a pas envie de prendre et pour lequel il souhaite être couvert. Là aussi la finance moderne va apporter des réponses.

Autre exemple, celui des fonds de pension qui souhaitent sécuriser les retraites qu'ils devront verser à leurs cotisants à un horizon de vingt ou trente ans. Ils vont chercher à se couvrir contre les risques d'évolution brutale du cours des actions.

Face à la multiplication des risques et au souci des acteurs de l'économie réelle de s'en protéger, les professionnels de la finance inventent toute une série de techniques dont l'objectif est de couvrir le risque et qui permettent le développement de l'activité économique avec une certaine forme de spécialisation : l'industriel ou le gestionnaire de fonds de pension exercent leur métier et externalisent les risques qu'ils ne veulent pas prendre. En conséquence, des preneurs et des teneurs de risque apparaissent et un marché du risque se constitue.

Il faut insister sur cet aspect. Tout ce qui sera dénoncé à la faveur de la crise comme finance-casino ne bénéficiant pas à l'économie réelle est au départ une innovation financière visant à couvrir un risque et à le faire porter par des experts.

››› *Que s'est-il passé alors ?*

‹‹‹‹‹ Progressivement, l'industrie financière a commencé à tourner de plus en plus sur elle-même et à se détacher de l'univers économique. Elle s'est mise à sophistiquer davantage les produits financiers qu'elle avait inventés, non pour parfaire la couverture des risques économiques mais pour créer des sources de profits additionnels. Les produits dérivés de taux ou de change ou de crédit se sont progressivement détachés de leur base économique, la titrisation a été dévoyée, des produits financiers structurés ont été vendus à des acteurs incompétents… La distance est devenue maximale entre les jeux de la spéculation et les logiques de financement de l'économie réelle lorsque ces produits financiers sont devenus la principale source d'enrichissement des acteurs financiers. C'est là que réside ce que l'on appelle le mouvement de financiarisation. Ce dernier aurait pu être remarquablement maîtrisé si la flèche et le bouclier, c'est-à-dire les armes offensives et défensives que sont la régulation et la libéralisation financières, avaient progressé au même rythme. Or, le monde de la finance a été libéralisé et les protections inventées au moment du *Glass-Steagall Act* ont été levées. Des banques se mirent alors à grossir et à exercer l'ensemble des métiers bancaires, si bien que leur éventuel défaut entraînait celui de l'ensemble de l'économie. Plus grave encore, la formidable complexité des instruments financiers mis en place a progressivement conduit à l'adoption d'une idée, qui s'est révélée désastreuse, celle de l'autorégulation. D'après elle, seuls les hommes du métier pouvaient inventer les instruments de régulation efficaces et les mettre en œuvre. Cette idée, d'une certaine manière légitimée par les autorités politiques et réglementaires, a abouti à la croissance d'une sphère financière échappant petit à petit au contrôle des régulateurs, ceux-ci n'ayant même plus la capacité, non pas de la réguler, mais même de comprendre ce qui s'y passait. Cette situation a donné corps à ce quatrième discours selon lequel tous nos malheurs viennent du développement débridé de la finance, du rôle des agences de notation, de la défaillance des sociétés d'audit.

Mais encore une fois, ces phénomènes sont beaucoup plus complexes. La création de produits financiers est au départ utile. C'est le désarmement réglementaire, d'une part, et l'idée d'autorégulation, d'autre part, qui ont posé problème. On s'est interdit d'encadrer ces activités nouvelles, parfois d'en prohiber certaines. On s'est même interdit de regarder ce qui se passait et de disposer des signaux d'alerte nécessaires pour éventuellement intervenir.

En fait, derrière la financiarisation résident des paramètres à la fois idéologiques, économiques et politiques. Les politiques de déréglementation, de libéralisation, de privatisation sont des choix politiques opérés par les gouvernements. Cette situation est en réalité le fruit du choix de l'autorégulation, de la décision de ne pas doter les instances de régulation des moyens nécessaires à la réalisation de leur mission, créant ainsi progressivement un déséquilibre avec l'extraordinaire sophistication de la finance.

Le pas décisif a d'ailleurs été fait en 1999 par Bill Clinton avec la suppression du *Glass-Steagall Act,* qui consacre cette prise de distance du monde de la finance avec celui de l'économie réelle.

››› ***Mais alors si ces quatre grands récits explicatifs ne permettent pas d'analyser les 40 ans de crise à répétition que nous avons connus, comment interpréter ces crises ?***

‹‹‹‹‹ Chacun des grands récits apporte des explications partielles mais échoue dans son projet global d'interprétation. Quant aux grandes crises séculaires comme celle que nous traversons depuis 2007, ce sont des faits sociaux totaux. La crise des *subprimes* est d'emblée une crise financière avec la perte de contrôle du mouvement de titrisation, elle a comporté un épisode énergétique avec le pic pétrolier de juillet 2008, elle exprime les débordements de la globalisation, elle intervient peu de temps après le krach de la nouvelle économie. Elle est même, pour certains, l'expression du dévoiement du capitalisme anglo-saxon, puisque les exigences de profit du capital ont abouti à une perte de pouvoir d'achat des salariés, soumis à la concurrence des travailleurs des pays émergents, compensé par un endettement continu et bon marché. En d'autres termes, les inégalités au cœur du système capitaliste ont nourri la formation d'une bulle financière qui a fini par éclater quand la politique monétaire s'est faite moins permissive.

Si l'on écarte la crise séculaire pour nous intéresser à la longue séquence des crises observées au cours des 40 dernières années, comment peut-on affirmer à la fois qu'une situation de crise ne peut être permanente et s'en tenir au constat des transformations du monde ? En quelque sorte, quelle est l'utilité presque heuristique des crises ?

En réalité, les crises sont des phases de transition, elles scandent les différents moments d'une évolution économique, mais sont également autant de fenêtres ouvertes sur les transformations du monde réel. La meilleure illustration de cette idée se retrouve dans ce que nous venons de voir à propos de la sphère de la finance. Toute une série d'innovations financières ont constitué autant de réponses à l'évolution du système économique. J'ai cité l'exemple de l'industrie du risque, mais j'aurais pu en donner d'autres.

Ainsi, lors de la crise de 1987, Wall Street s'est effondré en une journée, alors qu'aucun événement majeur ne s'était produit. Une ou deux nouvelles étaient tombées, qui avaient été plus ou moins bien interprétées, et puis il y a eu l'action des programmes informatiques de ventes automatiques. On a alors découvert que l'on pouvait fabriquer un krach boursier de nos propres mains, simplement par l'effet des instructions automatiques données *via* ces programmes informatiques. On s'est rendu compte à cette occasion que des règles particulières devaient être mises en place afin d'introduire des « coupe-circuits » et ainsi éviter de provoquer ce type d'emballement.

Une autre illustration est la crise de LTCM (Long-Term Capital Management) en 1998. Il a toujours existé des petits génies de la finance ou réputés comme tels, comme John Meriwether qui avait créé ce fonds d'investissement (*hedge fund*). Cette activité engendrait des revenus absolument formidables avec des prises de risques théoriquement limités et des effets de leviers d'endettement considérables. Les experts qui connaissaient ce genre de fonds d'investissement savaient que ce type d'activité ne se développait que sur la correction d'imperfections de marché et consistait en la détection de petites imperfections de marché qui permettaient les gains d'arbitrage (par exemple, des différences de valeur constatées dans la cotation d'un actif sur différents marchés). Personne n'avait anticipé qu'une erreur dans le pari fait pouvait être commise et que l'immense levier d'endettement pouvait non seulement provoquer l'effondrement immédiat de la société qui prenait ce pari, mais aussi de celles qui lui avaient prêté de l'argent. Finalement, la leçon de la crise de LTCM a été que ces montages à très forts effets de leviers pouvaient avoir des conséquences dévastatrices. Le régulateur s'est aperçu qu'il ne contrôlait pas du tout ces institutions et qu'il n'avait d'ailleurs pas le pouvoir de les réguler. Afin d'éviter que ce type d'incident ne survienne à nouveau, l'idée d'inventer une régulation par raccroc est alors apparue. Le principe en est simple, c'est en contrôlant le prêteur au *hedge fund* qu'on peut contrôler le *hedge fund* lui-même et éviter qu'il n'entraîne dans sa chute des institutions financières utiles à la société.

Toutes ces crises ont donc montré comment la finance se transformait et comment en fait la régulation ne suivait pas. Tous ces éléments auraient dû nous alerter sur les risques d'une prochaine crise systémique, alors même que nous n'avions pas les instruments de prévention – et encore moins de traitement – de ces crises.

Au final, la grande leçon de ces crises, c'est que justement nous n'avons rien appris d'elles et qu'aucune conséquence n'a été tirée. Le pire même est que le mode de résolution de chaque crise a préparé la suivante. Ces fenêtres se sont ouvertes mais nous n'avons pas su observer ce qu'elles nous montraient, ni l'exploiter. C'est la responsabilité collective des politiques et des régulateurs de ne pas l'avoir fait.

››› *Vous disiez qu'au-delà de la finance, ces crises ouvraient également des fenêtres sur les transformations du monde réel ?*

‹‹‹‹‹ Effectivement, j'évoquais précédemment l'évolution différentielle de la Chine et de l'Europe depuis la crise des *subprimes*. C'est absolument fabuleux. Tout le monde savait que la Chine était sur une trajectoire de croissance très forte, qu'elle allait rattraper les États-Unis en 2040 ou 2050 et dépasser le Japon autour de 2010-2015. Mais la crise que nous avons connue a montré comment ces transformations se déroulaient selon un mode accéléré. La « panne » économique des pays développés conjuguée au maintien de la trajectoire de croissance des pays émergents a amplifié les phénomènes de rattrapage économique qui ont été beaucoup plus rapides que prévu. Le grand basculement du monde projeté autour de 2050 devrait s'effectuer en réalité beaucoup plus tôt, dans une dizaine d'années, avec le passage de la Chine au premier rang de l'économie mondiale.

De même, la crise de la nouvelle économie au début des années 2000 a constitué une formidable ouverture sur les transformations économiques qui étaient à l'œuvre. À l'époque n'importe quelle *dotcom* (société dont les activités se concentrent sur internet) valait des milliards avant même que la moindre manifestation de rentabilité ne soit véritablement actée. Avec l'éclatement de la bulle internet, la question de savoir comment on avait pu croire à ces chimères s'est alors posée. Comment des sommes faramineuses avaient-elles pu être investies dans ce secteur pour constater ensuite que les valeurs avaient baissé de 90 %, 95 % ou 98 %, quand elles n'avaient pas tout simplement disparu ?

Deux éléments différents ont pu être mis en évidence à cette occasion, dont le premier est le mécanisme universel des bulles spéculatives.

La Tulipomania ou krach de la tulipe de 1637

Souvent considérée comme la première bulle spéculative, cette crise s'est déroulée aux Pays-Bas et portait sur les bulbes de tulipes. Cette plante sauvage d'Asie centrale est devenue une fleur d'ornement, dont certaines variétés sont rares, très prisée des cours européennes et de la bourgeoisie entre la fin du XVIe et le début du XVIIe siècle. Leur prix augmente depuis 1634 jusqu'à dépasser le salaire des ouvriers spécialisés. La spéculation est encouragée d'autant plus que des « billets à effet » permettent d'acheter avant la période de floraison des bulbes qui n'existent pas encore. Mais le 6 février 1637, les cours du bulbe de tulipe s'effondrent.

L'histoire économique est jalonnée de bulles économiques qui se forment et éclatent périodiquement. De la bulle des Tulipes au XVIIe siècle à celle de l'internet, elles sont toujours liées à des phénomènes d'excès de crédit et à des financements spéculatifs effectués sur la base d'innovations réelles ou perçues.

Le second élément observé systématiquement, et tout particulièrement avec la crise de l'internet, est l'idée que « *This time is different* », comme l'ont montré en 2009 les économistes américains Kenneth Rogoff et Carmen Reinhart dans leur livre éponyme sur les crises des huit cents dernières années. Rien ne justifiait rationnellement une telle valorisation des « pousses » d'internet. Cela ne pouvait être le cas qu'en décidant que les référentiels habituels – le bilan et les comptes d'exploitation d'une entreprise qui permettent de déterminer sa valeur comme la somme de ses flux actualisés de résultats et d'anticiper leur valeur future – n'avaient plus cours. La valeur d'une entreprise ne résidait plus dans des éléments tangibles, mais dans la valeur de la promesse. Cependant, il est quand même nécessaire de poser aussi des chiffres sur quelque chose qui n'est *a priori* pas chiffrable. De nouveaux instruments de mesure doivent être définis pour donner une consistance à cette promesse. Dans le cas de l'internet, ce fut le nombre de « clics » ou le rythme de consommation, de *cash flow*. Avec le recul, on peut trouver cela absolument surréaliste et se gausser de l'incroyable crédulité qui a eu cours à l'époque. Mais en pratique, c'est bien ce qui a fonctionné.

Un puissant mécanisme financier réside derrière tout cela. Il renvoie à une loi fondamentale de la gestion collective des actifs financiers par les investisseurs des fonds mutuels ou de pension : « il vaut mieux avoir tort avec tout le monde que raison tout seul ». En effet, un gestionnaire d'actifs n'est jamais tenu pour responsable s'il se trompe avec tout le monde. C'est en revanche l'inverse s'il fait un pari, comme on dit, contrariant et qu'il le perd. S'il gagne son pari contrariant, il est immédiatement considéré comme un génie évidemment. Sinon, on lui demande pourquoi il n'a pas fait comme tout le monde, car ce gestionnaire aura privé ses clients de sources de gains. Les acteurs pris dans la folie de l'internet entretenaient ce phénomène simplement parce que, dans une gestion dite *benchmarkée*, il est plus important d'être en ligne avec ce que fait le voisin que d'anticiper une tendance, de faire un pari et de s'y tenir.

Depuis le début des années 1970, de multiples surgissements d'un monde réel en transformation ont pu être observés, qu'il s'agisse d'une bulle financière, d'une accélération ou d'un pic énergétique. À chaque fois des alarmes ont retenti et des opportunités pour infléchir l'action ou prendre la mesure des transformations en cours auraient pu être saisies. La grande vertu des crises est donc cette ouverture sur le monde, cette capacité à la fois de juger de ce qui ne fonctionne plus dans le système économique et d'apprécier les premières manifestations des transformations en cours. Ceci aurait dû guider l'action des pouvoirs publics s'ils étaient à l'écoute de ces signaux et s'ils étaient stratèges.

Si on regarde l'évolution des 40 dernières années, alors on est atterré : aucune des grandes évolutions qui étaient parfaitement détectables n'a donné lieu à des politiques de remédiation sur la durée.

››› ***Pouvez-vous nous donner des exemples ?***

‹‹‹‹‹ Il est très frappant de constater, qu'après le premier et le second chocs pétroliers, des mesures volontaires ont été prises par différents pays à la fois pour modifier leur *mix* énergétique – par exemple en favorisant le développement des énergies renouvelables – et pour améliorer leur efficacité énergétique. Mais dès que le marché s'est inversé et que le pétrole bon marché est revenu en abondance, ces politiques ont été abandonnées. Ces mouvements sont parfaitement repérables. Ainsi, la première vague d'investissement dans le solaire a eu lieu immédiatement après les chocs pétroliers des années 1970 pour diminuer par la suite. Cette politique de substitution progressive des sources d'énergie aurait dû être menée sur la durée et l'efficacité énergétique progressivement améliorée. Des travaux économiques et des rapports, comme celui de l'économiste britannique et ancien premier vice-président de la Banque mondiale, Nicholas Stern, en 2006 sur l'impact économique du changement climatique, démontraient tous que le coût de la prévention était bien moindre si nous agissions tout de suite. Mais, malgré tout cela, nous n'avons rien fait ou presque rien.

C'est la même chose au sujet du grand basculement économique. À la fin des années 1970 et au début des années 1980, la Chine s'ouvre. C'est l'ère « Deng Xiaoping ». Les villes ateliers comme celle de Shenzhen se développent déjà très rapidement, de grandes compagnies américaines y délocalisent leur production à bas coût avec des effets déjà perceptibles sur la désindustrialisation de certaines régions aux États-Unis. Et nous sommes collectivement saisis, fascinés par cette évolution. Nous nous racontons des histoires pour éviter de voir que la Chine va rapidement monter en gamme et en spécialisation après avoir copié nos produits et digéré nos technologies. La question de la protection de la propriété intellectuelle, qui a été très mal réalisée, est alors posée. Nous aurions pu nous rendre compte que le rattrapage chinois allait être beaucoup plus rapide que prévu et avoir des effets dévastateurs, comme l'effondrement industriel de certains pays. Mais malgré la pleine participation de la Chine à l'Organisation mondiale du commerce (OMC) en 2001, nous avons été incapables de mettre en place un régime efficace de protection de la propriété intellectuelle.

Un autre exemple encore plus important a trait à l'étude sur une longue période des crises des dettes – celles des pays latino-américains, de l'Asie, du Japon. Elle fait apparaître qu'au fond tous les pays de la planète ont connu de telles crises. Ce que l'on vit actuellement en Europe, ce sont les crises des pays développés après celles des pays émergents. Par quelle espèce d'aveuglement collectif avons-nous cru que les pays développés pouvaient s'endetter sans limite et surtout que cet endettement pouvait être géré sans produire les effets négatifs qu'ont subis les pays émergents lors de leur propre crise de la dette ? Les crises argentine, brésilienne, russe, mexicaine, asiatique auraient dû constituer autant d'alertes pour nous.

››› ***Ces quarante dernières années n'ont donc pas vu une crise permanente, mais une succession de crises entrecoupées de périodes d'accalmie plus ou moins longues sur fond de transformation radicale du monde ?***

‹‹‹‹‹ C'est bien cela. Ces crises ont eu des effets immédiats sur la croissance, l'emploi, les balances courantes. Mais elles ont constitué à chaque fois des alertes sur les transformations du monde, et sur les crises futures. Et pour l'instant, on ne peut que constater que ces fenêtres sur les transformations en cours et les pathologies du système, et donc ces opportunités de s'adapter au changement du monde, n'ont en général pas été saisies. Nous sommes donc en train de changer de modèle mais dans les soubresauts de crises fréquentes et récurrentes.

Chapitre 2

Depuis 2007, une crise systémique ?

Depuis 2007, la crise fait la une de l'actualité. Elle a cependant changé de nature : financière au départ avec les subprimes, *puis économique, et enfin crise des dettes des États européens avec elle aussi des impacts sur l'économie européenne. Son caractère protéiforme en fait-elle une crise particulière par rapport à celles que nous avons connues précédemment ? Dans quelle mesure peut-elle être qualifiée de systémique, au sens où elle concernerait l'ensemble du système financier et économique mondial ?*

››› *La crise que nous connaissons aujourd'hui est-elle réellement particulière ?*

‹‹‹‹‹ « Cette fois c'est différent », cette phrase qu'on entend à chaque crise mérite donc d'être justifiée. Quand on évoque la longue séquence de crises qui s'enchaînent depuis 2007, il est nécessaire de préciser de quoi on parle. La crise actuelle a d'abord été la « crise des *subprimes* ». Ouverte en août 2007, avec la disparition du marché de produits financiers contenant des *subprimes*, elle s'est développée comme une crise majeure entraînant la chute en cascade des marchés de titres actions, dérivés, crédit, etc., le gel du crédit interbancaire – c'est-à-dire le prêt d'argent entre banques – et l'évaporation de la liquidité. Elle a atteint son point culminant avec la faillite de la banque d'investissement américaine, Lehman Brothers, le

15 septembre 2008, et l'effondrement des marchés financiers internationaux, sous l'effet de l'accélération des cessions d'actifs, de la course à la liquidité et de la disparition du crédit interbancaire. Après la chute de Lehman Brothers, un risque de crise systémique, à savoir la crainte d'un effondrement du système financier international comme dans un jeu de dominos, est apparu. Des mesures drastiques ont été prises tant par les banques centrales américaines et européennes que par les États afin de sauver les systèmes bancaires, américain d'abord avec le Tarp (*Troubled Asset Relief Program* ou programme de rachats d'actifs toxiques des banques), et européen avec des nationalisations en Angleterre et des recapitalisations en France. C'est l'acte I de la crise : une crise financière née de l'éclatement d'une double bulle, immobilière et du crédit, qui s'est propagée à l'ensemble des segments du système financier américain et mondial.

Du fait de cette crise financière, on a assisté à une brusque contraction du commerce international et à l'effondrement de tous les secteurs économiques liés à une intense activité de crédit : l'immobilier bien entendu, mais également l'automobile et tout le domaine du crédit à la consommation. La crise financière s'est alors transformée en crise économique mondiale dont la manifestation essentielle a été l'effondrement du commerce international et de la croissance des pays qui en dépendaient fortement.

Le Tarp ou la réponse américaine à la crise

Le *Troubled Asset Relief Program* est aussi appelé plan Paulson, du nom du secrétaire au Trésor américain Henry Paulson. C'est une des mesures adoptées pour remédier à la crise financière en octobre 2008 sous l'administration Bush.

Voté par le Congrès, ce plan devait permettre au Trésor américain de disposer de 700 milliards de dollars pour racheter les actifs à problème des institutions financières. 250 milliards de dollars devaient être débloqués immédiatement, puis 100 milliards, puis 350 ensuite avec l'accord du Congrès. Au final, le Tarp s'est révélé moins coûteux que prévu selon les rapports remis au Congrès à son sujet.

C'est le cas par exemple de l'Allemagne et du Japon dont le produit intérieur brut (PIB) a baissé respectivement de 5 % et 5,5 % en 2009. La Chine, quant à elle, connaît encore une année de croissance mais à un rythme ralenti par la crise : + 9,2 % en 2009 contre 14,2 % en 2007. C'est à ce moment d'ailleurs qu'apparaît le grand débat : sommes-nous en train de revivre la crise de 1929 ? Allons-nous connaître, après une crise financière majeure que nous n'avons pas su maîtriser, une crise systémique ? L'effondrement de l'activité économique de 2008-2009 est-il comparable à celui de 1929 ? Sur le moment d'ailleurs, paraissent des études mettant en parallèle la trajectoire du déclin de l'économie mondiale avec celui de l'économie américaine pour analyser, à la fois en termes de PIB, de production industrielle et de croissance du commerce international, l'éventuelle duplication de la séquence de crise de 1929.

Pendant cette deuxième phase de la crise, interviennent des mesures de relance économique. Le Fonds monétaire international (FMI) a poussé les États à faire des relances pour soutenir l'activité économique et ainsi éviter l'accélération de la spirale récessive. Des mesures de soutien importantes ont été mises en œuvre aux États-Unis et dans certains pays d'Europe, comme la France, qui a laissé jouer les stabilisateurs automatiques. Assez rapidement, on a eu l'impression que l'on commençait à être tiré d'affaire. En effet, la période de crise intense s'est étalée de septembre 2008 à mars 2009, date à laquelle les premiers signes d'un début timide de redressement se manifestent. Au printemps 2009, on se dit que peut-être la crise ne sera pas si grave, et à l'automne, que c'est le commencement très modeste d'une sortie de crise.

Et c'est à ce moment-là que le troisième acte de la crise s'ouvre de manière très inattendue. Personne ne l'avait anticipé. La crise, qui était d'abord financière et économique aux États-Unis et dans le reste du monde, devient à l'automne 2009 une crise des dettes publiques en Europe. Avec le début de la crise grecque, on découvre que la dette et les déficits grecs ne sont pas au niveau auquel ils auraient dû se situer d'après les annonces du gouvernement hellénique. On s'aperçoit qu'un État de la zone euro peut connaître des problèmes pour se refinancer sur les marchés, en raison des interrogations de ces derniers sur sa solvabilité. Cette crise grecque, au départ limitée et gérable compte tenu du faible poids relatif de la Grèce dans la zone euro et au sein de l'ensemble de l'Union européenne, se transforme donc progressivement en une crise beaucoup plus importante. Elle touche alors, par effet de contagion, différents pays européens et devient la crise des dettes souveraines avec la remise en cause ponctuelle de la viabilité de la zone euro et de l'euro.

Mais débute alors une quatrième phase : la transformation de la crise financière des dettes européennes en une crise économique. Les difficultés rencontrées pour gérer cette crise des dettes souveraines ont eu pour conséquence de faire disparaître progressivement la croissance dans la zone euro et d'installer le débat sur les risques récessifs liés aux politiques d'austérité menées dans l'ensemble des pays européens afin de résorber cette crise de la dette. Comme au même moment le système bancaire européen donne des signes de faiblesse à cause de la montée des risques immobiliers, des problèmes des entreprises européennes, de la sous-capitalisation de certaines banques et des difficultés d'États en situation critique à venir en aide à des banques en péril, la crise s'installe et se complexifie.

À l'été 2012, après les déclarations rassurantes du président de la Banque centrale européenne (BCE), Mario Draghi, certifiant qu'il mettrait tout en œuvre pour éviter l'éclatement de la zone euro, y compris les mesures les moins conventionnelles, on commence à avoir le sentiment qu'on est tiré d'affaire.

Nous sommes aujourd'hui encore dans cette quatrième phase même si, ici ou là, on sent un « zéphyr » de reprise. L'ensemble de la zone euro aura encore une croissance négative en 2013 et la reprise annoncée en 2014 ne sera pas vigoureuse. De plus, les politiques d'austérité, menées dans les pays d'Europe du Sud afin d'atteindre les objectifs fixés de réduction des déficits, ont eu des effets surmultipliés sur l'activité économique, rendant précisément de plus en plus difficile la réalisation de ces objectifs. Le ratio que l'on surveille pour cela est celui de la dette sur le PIB. Lorsque la croissance du PIB est proche de zéro, le dénominateur de ce ratio baisse, tandis que la dette augmente mécaniquement sous l'effet de la progression des déficits. En conséquence, au lieu de baisser, le ratio dette sur PIB augmente. Et c'est la fameuse spirale infernale selon laquelle plus des mesures d'austérité sont prises, plus l'horizon de la réduction réelle des dettes recule.

Voilà rapidement retracée la séquence des quatre crises que l'on va essayer d'analyser, pour mettre à jour quelques mécanismes importants.

››› ***Justement, quels sont les mécanismes en jeu lors du premier acte de la crise, celui des subprimes ?***

‹‹‹‹‹ La première question à examiner est : d'où vient cette crise des *subprimes* ? Quel a été son facteur déclenchant ? On connaît maintenant très bien les rouages de cette crise. Le premier élément en a été le cycle de croissance continue de l'immobilier qui s'est traduit par une hausse des prix et un accès à la propriété de catégories sociales de moins en moins solvables grâce au crédit facile (prêts dits *subprime*). L'augmentation ininterrompue des prix de ce secteur a constitué un facteur majeur de croissance du crédit et de formation d'une bulle. En effet, les particuliers, pensant qu'ils réalisaient un investissement sans risque en raison de cette progression constante des prix, ont de plus en plus investi dans l'immobilier. Parallèlement, les conditions de financement étaient favorables à cause des politiques monétaires laxistes. Une véritable bulle du crédit immobilier s'est donc formée. D'ailleurs, aux États-Unis, ce crédit immobilier a directement nourri un *boom* de la consommation, puisqu'en fait les emprunts sont accordés sur l'appréciation des biens immobiliers détenus, non seulement pour acheter une nouvelle propriété, mais également pour obtenir des crédits à la consommation.

››› ***C'est-à-dire qu'aux États-Unis, quand on achète un bien immobilier, même si on n'a pas fini de le rembourser, sa valeur sert de garantie pour contracter d'autres crédits ?***

‹‹‹‹‹ Exactement. Et ce crédit peut être un crédit pour la consommation courante. C'est ce qu'on appelle le « *home equity loan* » (prêt sur valeur domiciliaire) ou, en gros, on vous prête de l'argent sur le constat, fait à un moment, de l'appréciation de votre bien immobilier. Ce mécanisme a donc nourri une bulle de crédit et de la consommation.

Cela aurait pu ne pas revêtir une gravité particulière. Après tout, on aurait pu constater, comme par le passé lors d'une crise immobilière, une décrue des valeurs et la disparition d'un certain nombre de mauvais risques. Mais le problème est que cette bulle a alimenté un *boom* de la titrisation des crédits immobiliers, qui constitue la véritable source de la crise.

››› ***Mais qu'est-ce que la titrisation ?***

‹‹‹‹‹ Quand vous voulez acheter un appartement, vous prenez rendez-vous avec votre banquier. Celui-ci, sur la base de vos qualités, de votre passé de bon client, de vos revenus, de votre capacité à rembourser, vous accorde un crédit immobilier. Ce crédit est la base d'une relation de fidélisation qui fait de vous un client garanti pendant 20 ou 30 ans, période pendant laquelle votre banquier va surveiller votre crédit. Le problème est que certains banquiers ont soutenu qu'il était absurde que la banque conserve l'emprunt une fois qu'elle l'avait accordé, parce que cela immobilisait une partie de ses fonds propres et limitait sa capacité de prêter davantage. Or la vraie compétence d'une banque n'est pas de garder un crédit pendant 20, 30 ou 40 ans, mais de « monter » le dossier, d'évaluer le risque et de définir le taux. Ensuite, d'autres acteurs peuvent acheter le crédit, recevoir les intérêts et bénéficier du remboursement. Cela libère des capacités de crédit supplémentaires pour la banque.

L'idée est donc de constituer un « paquet » de crédits présentant des caractéristiques semblables et de le vendre à des investisseurs – par exemple à un assureur ou à un fonds de retraite – désireux d'investir dans un produit financier rapportant plus que le taux d'intérêt courant sur les marchés, qui était alors assez bas en situation d'abondance du crédit. Cette opération qui consiste à prendre un paquet de crédits, à le sortir du bilan de la banque et à le vendre à un investisseur est une opération de titrisation : on transforme un paquet de crédits en un titre financier. Cela a été le premier temps de la démarche.

Puis ensuite, il est apparu qu'une inégalité de risques existait au sein d'un même « paquet de crédits ». En effet, celui-ci regroupait des prêts accordés à la fois à des gens très sérieux, qui allaient rembourser sans problème et qui ne représentaient donc aucun risque, et à des gens un peu moins solvables et donc plus risqués. On a alors découpé les paquets de crédits, constitués au départ en un seul produit financier, en une série de tranches de risques différents. Les tranches totalement sécurisées étaient vendues aux investisseurs qui ne souhaitaient pas prendre de risque, comme les assureurs. Les tranches les plus risquées étaient cédées à ceux qui voulaient prendre des risques en échange d'un taux d'intérêt beaucoup plus élevé. Cette opération est ce qu'on a appelé le « tranchage ».

Alors vous allez me demander : comment l'investisseur qui ne s'occupe pas de crédits individuels a-t-il pu se hasarder à acheter des paquets de crédits qu'il ne connaissait pas ? Il a eu recours à un tiers de confiance – l'agence de notation – qui donne des notes à ces produits financiers. Les investisseurs pouvaient alors les acheter en toute confiance puisque ces titres étaient garantis par quelqu'un qui les avait examinés de plus près et qui leur avait donné un *rating*.

››› ***Mais comment l'agence, elle-même, note-t-elle ces paquets de crédits ?***

‹‹‹‹‹ Elle analyse les différents crédits et évalue les risques qui leur sont associés en utilisant les règles statistiques sur les risques de défaut dont elle dispose. Celles-ci lui permettent d'estimer quel niveau de risque est attaché à quel profil. C'est sur cette base qu'elle note les différentes tranches. Ce tranchage constitue donc le deuxième temps de la titrisation.

Mais vous pourriez me dire que tout cela existait bien avant la crise. Qu'est-ce qui a fait que la crise est quand même arrivée ? Un troisième problème est intervenu : le mélange de crédits immobiliers avec d'autres types de crédits pour élaborer des produits financiers de plus en plus sophistiqués. Or, plus vous sophistiquez un produit financier, plus la traçabilité du crédit devient impossible. Celui qui achète un produit titrisé structuré une fois, deux fois, trois fois, finit par ne plus savoir du tout de quoi est composé ce produit titrisé.

À ce stade, intervient la quatrième étape de la titrisation. Les banques, qui élaborent ces produits structurés et qui gagnent beaucoup d'argent dans ces opérations de *packaging* et de *tranching*, ont fini par se dire qu'on pouvait en gagner encore davantage. Elles ont donc commencé à susciter la création de crédits de plus en plus risqués pour pouvoir se livrer à ce type d'activités. C'est une véritable inversion de la logique. Or aux États-Unis, le crédit immobilier n'est pas aussi régulé qu'en France, où on ne peut pas vous prêter plus d'un certain pourcentage de vos revenus et où seules les banques sont chargées de cette activité. Aux États-Unis, ces régulations n'existent pas et l'essentiel du métier du crédit immobilier est exercé par des courtiers et non par des banques. De plus, à la suite des grands débats intervenus pendant les années 1980-1990, on en est venu à considérer que le droit au logement était une des formes de la protection sociale aux États-Unis. Il n'était pas normal que des gens de petite condition n'aient pas accès aux crédits immobiliers. Un relâchement considérable des conditions d'octroi de ces crédits s'en est donc suivi. Des organismes publics – comme Fannie Mae et Freddie Mac – ont en premier favorisé ce mouvement. Celui-ci s'est ensuite développé dans le cadre de la finance privée sous l'effet de l'incitation des banques confectionnant des produits financiers de plus en plus sophistiqués et des courtiers élaborant des crédits immobiliers de plus en plus risqués. Des crédits dits *ninjas – no income, no job, no assets* – se sont alors développés. Ils étaient accordés à des particuliers qui n'avaient ni revenus, ni travail, ni actifs attestés, simplement parce qu'ils déclaraient sur l'honneur qu'ils remplissaient les conditions d'accès à ces crédits.

››› ***Que s'est-il passé ensuite quand le marché de l'immobilier s'est effondré ? Comment est-on passé de la crise immobilière à la crise financière ?***

‹‹‹‹‹ Quand le marché immobilier se retourne, ceux qui détiennent les tranches les plus risquées se retrouvent en difficulté. Ils éprouvent le besoin de se défaire rapidement de leurs titres financiers. Parallèlement, un mouvement économique réel a lieu.

Le sauvetage de Fannie Mae et Freddie Mac

Fannie Mae, ou Federal National Mortgage Association (FNMA), et Freddie Mac, ou Federal Home Loan Mortgage Corporation (FHLMC), sont deux sociétés par actions créées par le gouvernement américain. En 2008, elles détiennent ou garantissent plus de 5 000 milliards de dollars de titres hypothécaires. Violemment touchées par la crise des *subprimes*, leur faillite représentait un risque trop important pour l'économie du pays (*too big to fail*). C'est pourquoi le gouvernement fédéral est intervenu le 26 juillet 2008 afin d'éviter leur chute.

En effet, les particuliers, qui ont acquis un appartement ou une maison à crédit, se retrouvent avec un emprunt dont la valeur est supérieure à celle de leur bien dont le prix lui-même a chuté, et ils ne peuvent plus payer. Aux États-Unis, quand vous ne pouvez plus rembourser votre crédit immobilier, vous donnez les clefs de votre maison à la banque. Vous l'abandonnez. Les cessions d'actifs immobiliers dont la valeur a baissé se multiplient. Et ceci d'autant plus que, dans la folie de la hausse des prix immobiliers, des particuliers avaient acquis tout et n'importe quoi en prenant des crédits parfois à 120 % – ils achetaient un bien qui valait 100 avec un crédit de 120 % – ou pour lesquels ils ne payaient dans un premier temps que les intérêts et remboursaient le capital principal ensuite. Toute une série d'incitations à la débauche de crédits existait alors.

En conséquence, quand la situation se retourne, tous ces gens sont en difficulté et sont contraints de renoncer à leurs actifs rapidement. Les banques, les courtiers ou les compagnies qui avaient accordé ces prêts sont alors fragilisés. Mais le plus grave est que beaucoup des crédits consentis dans ce cadre ont été titrisés et se retrouvent dans la « chaîne alimentaire » de l'industrie financière, et des problèmes de traçabilité les rendent particulièrement difficiles à repérer. L'ensemble des acteurs financiers sont donc alors saisis par le doute au sujet de la qualité des titres qu'ils détiennent, parce qu'ils ignorent ce qu'ils contiennent exactement. Une sorte de mouvement de panique se déclenche et chacun cherche à se défaire le plus rapidement de ces titres dits « toxiques », parce qu'ils comportent une part de crédits *subprime*. Ce sont des prêts de moins bonne qualité que les crédits dits *prime*, qui disposent de toutes les garanties de solvabilité, qualité de présentation du client, etc. Mais pour céder des actifs financiers, il faut qu'en face des acheteurs soient prêts à en acquérir. La crise de l'été 2007 se déclenche précisément lorsque certains acteurs du marché veulent se débarrasser de leurs actifs toxiques alors que personne n'en veut. On découvre à cette occasion que le marché disparaît.

Que se passe-t-il quand vous ne pouvez plus vendre ce que vous souhaitez ? Vous avez un problème de liquidités et vous cherchez désespérément à vous en procurer. Le seul moyen à votre disposition est alors de vendre ce qui est facile à céder, par exemple des actions ou des obligations. Mais si tout le monde vend au même moment, le marché s'effondre et cela fragilise d'autres produits financiers qui eux-mêmes étaient gagés sur ces premiers produits. Une spirale infernale se forme entraînant ainsi dans la chute toutes les catégories d'actifs financiers, touchés les uns après les autres par cette crise de liquidités.

Les banques centrales interviennent alors en établissant une relation financière directe avec les banques en difficulté. Elles inondent les marchés avec des liquidités, mais le problème des actifs profondément dépréciés n'est pas pour autant réglé. Car, pour emprunter, il faut offrir un gage de qualité en contrepartie (un collatéral). Or, en situation de crise aiguë, une banque a de moins en moins d'actifs de qualité. Un rappel s'impose ici : la tâche essentielle d'un gestionnaire financier est de constituer un portefeuille d'actifs décorrélés pour répartir les risques. En effet, il n'y a, *a priori*, aucune raison pour que les dérivés de change évoluent de la même manière que les prix des actions, le coût des matières premières ou de l'or, par exemple. Ces classes d'actifs ont chacune leur logique propre. Un portefeuille équilibré est donc celui qui compense les facteurs de risques en pondérant les différents types d'actifs y figurant.

Mais le problème, dans une crise financière de ce type, est que les acteurs, pris à la gorge en raison de la panne de liquidités, se mettent à céder n'importe quoi. Et plus ils cèdent d'actifs, plus ils dépriment les marchés et plus la contagion gagne des marchés qui théoriquement n'ont rien à voir les uns avec les autres. La spirale financière emporte ainsi l'ensemble des produits financiers. Au lieu d'avoir une décorrélation des marchés, on assiste à leur recorrélation. C'est comme cela que la crise financière a démarré et s'est développée.

››› ***Personne n'a pu anticiper cette spirale, ce mécanisme de contagion des marchés ?***

‹‹‹‹‹ Très vite, la question de la responsabilité de la crise se pose. Pour répondre simplement, cette crise a révélé une triple défaillance : celle des marchés, celle de la théorie économique elle-même, et celle de la régulation. Le débat sur ces trois éléments a d'ailleurs débuté tout de suite après la crise.

Défaillance des marchés d'abord, qui très clairement, ont laissé se développer toute une série de pratiques tout à fait perverses économiquement. Ainsi, par exemple, la chaîne de confiance des marchés, formée par les tiers de confiance que sont les agences de notation, les professions de l'audit et de l'évaluation du risque, n'a pas fonctionné. Au cours de l'envolée immobilière, ces agences de notation ont accordé des « triple A » à des produits structurés qui se sont révélés finalement valoir moins que rien. Autre exemple à charge, le système d'incitation, à la base de l'économie de marché, n'a pas non plus fonctionné correctement, puisque des agents économiques ont pris des risques excessifs car ils savaient qu'ils seraient sans conséquence. C'est la fameuse parabole du *trader* : « pile je gagne, face je gagne » ou, plus exactement, « pile je gagne, face tu perds ». « Pile je gagne » : si j'arrive à montrer que je crée de la valeur pour ma banque ou mon investisseur, j'obtiens mes fameux bonus directement liés à mes opérations. « Face tu perds », par hasard, quand les marchés se retournent, je n'ai pas de bonus mais ceux que j'avais obtenus avant, je les ai déjà touchés. C'est une structure d'incitation qui est fondamentalement asymétrique. Autre exemple de faillite encore plus important : dans toute la filière du crédit immobilier, aucun encouragement afin de vérifier la qualité des emprunteurs n'a été fourni. Dans cette chaîne, le risque était transféré : celui qui évalue le risque n'est pas celui qui le gère, ni celui qui le prend. Autre problème, la mécanique même de la titrisation, qui est au départ vertueuse – puisqu'elle permet une expansion du crédit, une limitation des engagements en capital de la banque et améliore sa rentabilité –, comporte aussi des effets négatifs qui n'ont pas été anticipés et combattus. Et puis surtout, la diversification des portefeuilles, censée représenter un étalement du risque, n'a pas évité sa reconcentration après le déclenchement de la crise. C'est un point très important, parce que l'objet essentiel de la titrisation était justement de diluer le risque : en théorie, plus on mélange des risques différents dans un même paquet, plus ils sont réduits. Or on constate que plus le risque est distribué entre des acteurs financiers différents à travers la titrisation, plus il est en fait amplifié. En effet, la méfiance des acteurs à l'égard des porteurs de titres toxiques largement diffusés a été accrue dès lors que la crise a démarré.

La crise met à jour des idées ou des situations extrêmes que l'on néglige dans les phases euphoriques. Il y a d'abord les « cygnes noirs », ces événements très peu probables mais qui surviennent néanmoins. Il y a les enseignements d'économistes ayant connu la précédente grande crise, comme John Maynard Keynes (1883-1946) et Hyman Minsky (1919-1996). Leurs thèses ont été confirmées à l'épreuve des faits : il existe une grande différence entre les marchés de biens et de services, dont les fluctuations tendent vers l'équilibre, et les marchés financiers, dont les variations tendent vers l'amplification des déséquilibres. Sur un marché de biens et de services, le vendeur et l'acheteur s'entendent progressivement autour d'un prix déterminé qui permet aux deux protagonistes de « faire affaire ». En effet, si le premier veut vendre des pommes, par exemple, pour 100 euros alors que le second est prêt à dépenser seulement 10 euros, la transaction ne peut pas se faire. Ils doivent s'accorder autour d'un prix qui permet à l'un d'obtenir une certaine rémunération et à l'autre, une certaine quantité de pommes. Des propriétés d'auto-équilibre existent sur ces marchés par la confrontation des offreurs et des demandeurs. Ce n'est pas du tout le cas sur les marchés financiers. En cas de dérèglements, ceux-ci s'amplifient à mesure que les mécanismes de propagation se développent. On s'écarte de plus en plus du point d'équilibre jusqu'au moment où le marché disparaît. Keynes et Minsky avaient expliqué cela en leur temps, mais les développements théoriques plus récents avaient fini par nous faire oublier cette idée.

››› ***C'est la deuxième défaillance que vous citiez tout à l'heure ?***

‹‹‹‹‹ En effet, au cours des vingt ou trente dernières années dans les mondes académique, politique et financier, s'est développée une théorie inspirée directement des économistes monétaristes de Chicago et qui s'est beaucoup raffinée par la suite. Selon cette théorie, les informations nécessaires à l'évolution et à l'équilibre des marchés sont présentes en permanence sur ces mêmes marchés qui sont dès lors à tout moment efficients. C'est ce qu'on appelle la théorie de l'efficience informationnelle des marchés. Cela signifie que les déséquilibres des marchés ne peuvent être que temporaires. Ils sont d'ailleurs corrigés par les interventions des *traders*, qui perçoivent ces micro-imperfections de marché. En résumé, la démarche la plus logique consiste alors à laisser les marchés et leurs opérateurs s'auto-adapter et s'auto-réguler, parce qu'au fond la mécanique formidable qui diffuse de l'information sur les marchés, c'est le marché lui-même. Les interventions extérieures aggravent donc plus qu'elles ne corrigent ses dysfonctionnements. L'efficience informationnelle des marchés a nourri l'idée de leur autorégulation. Bien entendu, personne ne conteste la nécessité d'une méta-régulation, mais plus on cherche à intervenir en détail sur le fonctionnement des marchés, et plus on en fausse les mécaniques, moins on parvient à des solutions optimales. Le rôle de l'État et des autorités de régulation est donc de faire en sorte que l'information sur les marchés soit en permanence la plus libre et transparente possible et divulguée en temps réel. Il est important d'éviter toute rétention d'information.

« L'École de Chicago »

Cette expression désigne un groupe informel d'économistes libéraux. Ce nom vient du lien qui les unit au départ avec l'Université de Chicago. En font partie notamment Milton Friedman ou George Stigler, tous deux prix Nobel d'économie. Les théories de l'École de Chicago ont beaucoup influencé les politiques économiques dans les années 1980 et 1990.

Ces insuffisances de la théorie de l'efficience informationnelle des marchés se doublent des limites de la théorie économique de l'équilibre général, qui est à la base de tous les modèles macroéconomiques. Ces modèles n'intègrent pas les contraintes financières. Plus exactement, les seuls modèles macroéconomiques avec contrainte financière existant ont été développés relativement tardivement, notamment par Ben Bernanke, actuellement président de la Réserve fédérale des États-Unis, au temps où il était professeur d'économie. La combinaison d'une théorie économique qui ne tient pas compte des risques spécifiques à la sphère financière et d'une théorie d'économie financière basée sur l'efficience informationnelle des marchés a eu pour conséquence l'absence d'outil théorique permettant de comprendre la crise telle qu'elle était en train de se former. Les outils intellectuels permettant de penser une régulation appropriée à ce nouvel état des marchés manquaient.

››› *C'est la troisième défaillance, celle de la régulation ?*

‹‹‹‹‹ La défaillance de la régulation est aveuglante car cette crise a pu continuer à se développer après son déclenchement. Une régulation appropriée n'a pas été mise en place pour limiter l'expansion du crédit immobilier ou la prise de risque par les *traders*. La question de la concurrence entre les instances de régulation existantes n'a pas non plus été traitée.

En effet, dans des pays comme les États-Unis, les banques universelles et locales ne relèvent pas du même organe de régulation. Et puis surtout, la faille majeure de la régulation est l'absence de régulation macroprudentielle, contrairement à la régulation microprudentielle qui existe bien.

Cette dernière veille à ce que chaque banque évalue correctement le risque qu'elle prend et affecte le capital nécessaire à la couverture de ce risque. La régulation macroprudentielle, quant à elle, consiste à éviter que la défaillance d'une institution financière n'entraîne la chute de l'ensemble du système. En effet, le poids de certains organismes est tel que leur faillite peut provoquer une crise systémique. Or aucun dispositif n'existait. À l'occasion de cette crise, on constate que les effets possibles de la faillite d'une institution dite systémique n'ont pas pu être appréciés. C'est une faille majeure dans la régulation. Alors vous allez me dire : comment a-t-on pu laisser se développer cette situation ?

››› ***Oui parce qu'un peu plus tôt, vous disiez qu'il n'existait pas d'outil théorique permettant de comprendre ce qui se passait. Mais à l'inverse, l'analyse pragmatique de la situation et l'observation auraient pu conduire à une modification de la théorie économique.***

‹‹‹‹‹ Mais justement, ce qui avait été constaté au cours des vingt années précédentes, c'était une montée continue des valeurs immobilières. Lorsqu'on a voulu modéliser les facteurs de risques les concernant, on disposait de vingt ans de données statistiques montrant que les prix progressaient de façon continue. Or, pour noter les différents risques, le seul outil disponible était lié à l'historique. C'est le premier élément.

Le deuxième élément expliquant ce « laisser-faire » est l'absence de problèmes de régulation particuliers jusque-là. En effet, les différents types de banques existant avaient longtemps fonctionné sur un mode séparé, leur régulation par des autorités spécifiques ne posait donc pas de question particulière.

Le troisième élément d'explication est que la théorie macroéconomique de l'équilibre général ne prenait pas en compte la contrainte financière car on n'avait pas connu de crise de ce type dans les cinquante dernières années. Les travaux sur les risques de liquidités n'intéressaient personne et n'étaient pas à la mode. Et puis surtout, quand l'économie fonctionne bien, que la croissance est forte, que les activités financières se développent, que des pays s'enrichissent formidablement à cause du développement de l'industrie financière, il est alors bien difficile de dire « stop, nous percevons un risque ».

Quelques économistes avaient pourtant tiré le signal d'alarme. L'économiste indien Raghuram Rajan avait démontré avant la crise que ce système financier était risqué, en particulier la *shadow finance*, c'est-à-dire ces courtiers et financiers qui n'étaient pas régulés, qui représentait plus de la moitié de l'industrie financière américaine. Raghuram Rajan a expliqué clairement, à la veille de la crise de 2007, lors d'une réunion de banquiers centraux, que tout risquait de s'effondrer. Personne ne l'a écouté. Surtout, un économiste d'origine coréenne, Hyun Song Shin, professeur à Princeton, avait essayé de développer ses théories sur les crises et les pannes de liquidités. Ses travaux montraient que les effets des crises de liquidités n'avaient pas été mesurés. En conséquence, il voulait introduire ces types de crises dans les modèles économiques. Mais à l'époque, cela n'intéressait personne, c'est aussi simple que cela.

En résumé, on peut donc dire que cette crise est un phénomène classique de bulle du crédit elle-même liée à une bulle immobilière. Celle-ci a attiré des flots de capitaux dans ses activités, en raison de la politique permissive des banques centrales qui, à chaque crise, inondaient le marché de liquidités. De plus, dans un contexte de taux d'intérêt des placements très bas, les investisseurs, qui cherchent toujours un petit peu plus de rentabilité, se sont orientés vers ces produits titrisés. Une bulle s'est alors développée autour de ces produits mal régulés et mal notés. Quand celle-ci a éclaté, l'ensemble du système s'est retrouvé paralysé et toutes les classes d'actifs contaminées.

Lors d'une panne générale du crédit, toute l'activité économique se trouve progressivement paralysée. En effet, le commerce international, l'achat de voitures, la construction des maisons nécessitent des crédits. Or, après la faillite de Lehman Brothers et surtout après la quasi-faillite et le sauvetage d'AIG (American International Group) en septembre 2008, avec le gel total du marché et la fragilisation générale du système financier, le crédit s'est fait soudain très rare. Malgré les interventions des banques centrales, l'appétit pour le risque avait alors totalement disparu. On a donc assisté à un effondrement du commerce international qui a chuté de 12 % en 2009. Les pays très exportateurs comme la Chine, l'Allemagne, le Japon ont vu leur PIB diminuer encore plus fortement que les pays moins exportateurs, comme la France. Au sein de ces États, les activités économiques dépendant le plus du crédit se sont complètement affaissées. Le meilleur exemple est bien sûr celui de l'automobile. En effet, lorsque les consommateurs décident de différer de trois mois l'achat d'un véhicule, la production baisse immédiatement d'un quart. Mais surtout lorsque la production automobile chute d'un quart, les commandes adressées aux sous-traitants de premier rang diminuent de 50 % et celles des sous-traitants de second rang de 75 %. Un effondrement en cascade de la filière automobile a donc lieu. Or il s'agit d'à peu près 1/5e de l'industrie manufacturière et d'1/10e de l'économie totale. C'est une véritable catastrophe. C'est la même chose pour l'immobilier qui, dans certains pays comme l'Espagne, représente plus de 10 % du PIB. On a ainsi assisté en 2009 à un effondrement de l'activité industrielle et à un net ralentissement économique.

À ce moment de la crise, des interventions massives des puissances publiques ont été effectuées pour sauver les banques – ce qui va être un facteur d'endettement spécifique des États – et pour soutenir l'économie. Le plus bel exemple est celui des États-Unis où les grands groupes banquiers et financiers comme Citigroup, qui risquaient de s'effondrer, ont été secourus par le Tarp et où toute l'industrie automobile, notamment les « Grands de Detroit » (General Motors, Ford et Chrysler), a été sauvée grâce au plan de relance de l'activité initié par le président Obama. Ce qui était quelque chose d'absolument impensable jusque-là. Néanmoins, ces sauvetages en catastrophe posent ensuite toute une série de problèmes – dettes publiques, dettes d'État, questions de concurrence, etc. – auxquels personne ne prête beaucoup d'attention dans le feu de la crise.

Mais ce qui est très intéressant à noter, c'est que le « *remake* » de la crise de 1929 n'a pas eu lieu. Cette crise économique a été assez remarquablement gérée puisqu'on a évité la cascade des faillites des systèmes bancaires, l'effondrement de certaines activités réelles fragilisées par la crise financière (ex. : l'automobile) et surtout la « trappe protectionniste ». En effet, si quelques tentatives de mesures protectionnistes ont eu lieu avec le renforcement du *Buy American Act* ou la velléité de certains États de développer un *Buy British Act* ou un *Buy Spanish Act*, en pratique, très peu de mesures protectionnistes ont été mises en œuvre.

Enfin, on a été capable au plus fort de la crise d'inventer et de réunir des G20, qui certes n'ont réglé dans le détail ni le problème des agences de notation ou des bonus des *traders,* ni celui des paradis fiscaux, mais qui ont envoyé des messages sur la nécessité de soutenir l'activité économique au lieu de prendre des mesures déflationnistes. Le syndrome Hoover, du nom du président américain Herbert Hoover en place au début de la crise de 1929, a donc été écarté ; on n'a eu recours ni à la contraction de la dépense publique, ni à l'abandon des banques en difficulté, ni au protectionnisme.

Qu'est-ce que le G20 exactement ?

Le G20 regroupe, au niveau des chefs d'État et de gouvernement, les pays du G8 (France, Allemagne, Royaume-Uni, Italie, États-Unis, Japon, Canada et Russie), l'Australie, la Corée du Sud ainsi que des pays émergents (Afrique du Sud, Arabie Saoudite, Argentine, Brésil, Chine, Inde, Indonésie, Mexique, Turquie) et, enfin, un membre qui n'est pas un pays, l'Union européenne.

Ces G20 ont permis aussi de lancer les grands chantiers de la régulation, notamment macroprudentielle, et de la révision des normes microprudentielles, de faire monter à bord de la gouvernance mondiale la Chine et les Émergents alors qu'ils ne faisaient pas partie des cercles du G7. Au total, même si on ne peut pas attribuer au G20 de mesures précises, il a joué un rôle très important au cœur de la crise afin d'éviter de tomber dans un « syndrome 1929 ».

››› ***Comment passe-t-on ensuite à la troisième crise, celle des pays européens ?***

‹‹‹‹‹ Pour répondre à cela, une autre question doit être élucidée : comment cette crise, qui au départ naît des dérèglements de la finance anglo-saxonne, a-t-elle pu avoir comme principal effet de mettre en péril la construction européenne ? Comment se fait-il que six ans après son commencement, les États-Unis repartent de l'avant et l'Europe se soit enfoncée dans la crise ?

Plusieurs raisons expliquent cela. La première tient au fait que le système financier européen était très profondément imbriqué dans le système financier mondial. Ce qui est une conséquence de la globalisation financière.

En d'autres termes, les problèmes liés au développement des produits financiers toxiques fabriqués aux États-Unis, aux comportements des *traders*, aux effets de l'absence de régulation de la « finance fantôme » ont eu un impact direct en Europe. La meilleure illustration de cette situation est la découverte à la faveur de la crise du fait qu'une municipalité norvégienne, qu'un fonds de retraite allemand, qu'une banque de développement locale française ou italienne pouvait avoir dans son portefeuille ces fameux titres toxiques. Tout le monde a été contaminé par ces produits, et peut-être même davantage les banques européennes que les banques américaines : ne les ayant pas inventés, elles ont été séduites par leur nouveauté. C'est la première explication.

La deuxième raison est que l'Europe a développé ses propres bulles immobilières et du crédit, notamment en Espagne ou en Irlande. Des mécanismes spéculatifs similaires à ceux de l'immobilier américain – formidable expansion de l'immobilier, du crédit avec une bulle de l'endettement – se sont développés en Europe. Ainsi, début 2007, l'Espagne construisait autant de logements que la France, l'Allemagne et l'Angleterre réunies, soit près d'un million d'habitations. C'est l'effet de l'application d'une politique de taux unique à l'ensemble européen, alors que les pays le composant connaissent des niveaux d'inflation différents. L'Espagne avec un financement à bon marché a nourri une bulle immobilière formidable, tout comme l'Irlande.

La troisième raison est le rôle plus important joué par les banques en Europe à la différence des États-Unis.

Le financement de l'économie passe davantage par elles que par les marchés. Si les banques sont fragilisées par une crise financière, l'effet est donc plus important en Europe qu'aux États-Unis.

La quatrième raison, qui est majeure, est la très mauvaise gestion de la crise des dettes souveraines par les autorités européennes. L'affaire grecque, qui représentait 2 ou 3 % du PIB de la zone euro, aurait très bien pu être traitée et la crise se serait calmée. Mais le conflit, dès le départ fondamental, entre la France, l'Allemagne et la Banque centrale européenne sur la façon de gérer la Grèce – fallait-il l'exclure de l'Europe ou l'y maintenir ? Et si oui, à quelles conditions ? – a fait naître le doute sur la pérennité de la zone euro elle-même.

Le cinquième facteur d'explication, le plus important, est que la crise s'est développée et a prospéré parce qu'elle s'est progressivement transformée en une crise de l'architecture institutionnelle de la zone euro. On a découvert que le système ne fonctionnait pas. L'absence d'union bancaire en particulier a été un facteur aggravant des crises bancaires alors que le Tarp américain a été efficace.

Enfin, le sixième élément d'explication est l'absence d'instruments de remédiation, comme un régulateur, un État ou un fisc européen, alors qu'il existe une monnaie et un marché uniques et que le système financier européen est intégré. Par exemple, vous avez un marché financier unique mais pas de régulateur bancaire européen. Vous disposez d'une banque centrale européenne mais elle ne peut pas exercer le métier de prêteur en dernier ressort. Dans ces conditions, la crise échappe à tout contrôle. La méfiance entre les partenaires devient alors le moteur essentiel de la gestion de la crise et donc de son aggravation.

››› *Comment passe-t-on de la crise financière à la crise économique ?*

‹‹‹‹‹ C'est la quatrième et dernière partie de la crise actuelle. À partir du moment où l'on constate qu'au sein de la zone euro des pays ont une balance courante systématiquement excédentaire et d'autres toujours déficitaire, que les États posant des problèmes de solvabilité sont traités exactement de la même façon que ceux qui n'en ont pas à cause de la monnaie unique, on réalise alors progressivement qu'il n'existe que deux possibilités : soit le développement de mécanismes de solidarité entre les pays du Nord et du Sud de la zone pour faire face à ces différences, soit une convergence économique réelle à marche forcée. Le refus de transferts unilatéraux a conduit les États du Nord à imposer aux États du Sud des réformes structurelles pour prix du soutien qui leur était accordé.

La gestion des déséquilibres internes à la zone euro : Target2

Il existe un mécanisme – le système Target2 (système européen de paiement et de compensation) – qui permet de gérer les soldes qui naissent des déséquilibres internes à l'Europe. Avec le temps, l'Allemagne a accumulé une position créditrice absolument formidable. Elle est « prêteuse obligée » de la Grèce, de l'Italie et de l'Espagne. Tant que l'on était dans une zone euro qui fonctionnait bien, personne ne s'intéressait aux soldes Target de la Grèce par rapport à l'Allemagne. Mais le jour où l'hypothèse de la sortie de la Grèce de la zone euro est évoquée, le solde devient terrifiant car ce sont des centaines de milliards d'euros que les « pays du Sud » doivent à l'Allemagne et qu'ils ne pourront jamais rembourser. Un économiste allemand, Hans-Werner Sinn, est très préoccupé par ce sujet. Il soutient qu'en cas de problème grave au niveau de l'euro, l'Allemagne peut perdre 1 200 milliards d'euros en raison, d'une part, des garanties apportées aux différents pays dans le cadre des plans de restructurations, et d'autre part, du solde positif accumulé dans le système Target. Cette crise révèle que l'incomplétude de la construction européenne est un facteur objectif d'aggravation de la crise avec le refus clair de l'Allemagne d'assumer une responsabilité de solidarité.

Pour sauver la zone euro, il était nécessaire d'éliminer progressivement ce qui la minait, à savoir les déficits des pays du Sud. Ces derniers se nourrissent des différences de systèmes institutionnels entre le Nord et le Sud de l'Europe, notamment d'un laxisme budgétaire avéré de certains pays du Sud ou de l'excès d'endettement privé d'autres pays du Sud. D'où l'idée de mettre en place un certain nombre de dispositifs contraignant progressivement les États déficitaires à retrouver un équilibre budgétaire. Cette réflexion a abouti au renforcement en 2011 du pacte de stabilité et de croissance et à la signature du nouveau traité sur la stabilité, la coordination et la gouvernance (TSCG), aussi appelé pacte budgétaire européen, le 2 mars 2012, mais également à la mise en place d'une stratégie économique violemment déflationniste dans les pays du Sud. Cette stratégie a entraîné l'ensemble de la zone euro dans une situation de croissance négative. C'est comme cela que la crise financière des dettes souveraines est devenue une crise économique. Le problème maintenant est de savoir si la dévaluation interne (baisse des coûts salariaux, baisse des prix), après avoir eu des effets vertueux sur la compétitivité et la correction des déséquilibres de balance courante des pays du Sud de l'Europe, va permettre une reprise durable de l'activité.

La France et les pays du Sud ont aujourd'hui un niveau de PIB encore inférieur à ce qu'il était fin 2007.

Malgré les efforts faits, en dépit des coupes budgétaires strictes, on assiste à l'augmentation constante des ratios de dette. Cette austérité budgétaire appliquée dans les pays du Sud a touché les États-providence, mais aussi les dépenses d'investissement, de recherche et développement, et même les services publics de base. On constate une absence d'amélioration des conditions de financement des entreprises de ces pays. De plus, les mécanismes de transmission de la politique monétaire ne fonctionnent pas, puisqu'une même entreprise, selon qu'elle se situe du côté autrichien ou italien de la frontière, paie des taux d'intérêt radicalement différents.

Enfin, un dernier élément, théorique celui-ci, démontre les difficultés de cette option de la convergence forcée : on découvre que les multiplicateurs budgétaires – qui visent à mesurer l'effet d'une réduction des déficits publics sur la croissance – dont on se servait jusqu'à présent ne fonctionnent pas. Les effets cumulés de politiques d'austérité menées en commun par plusieurs pays, qui ajoutent une couche supplémentaire à l'approfondissement de la déflation, n'avaient pas suffisamment été mesurés. On en est aujourd'hui à considérer que l'on ne peut sortir de la crise actuelle qu'en faisant un pas supplémentaire vers l'intégration et la fédéralisation européennes ou en appliquant strictement une discipline germanique dans tous les pays européens. La question qui se pose alors est celle de l'acceptabilité politique et sociale de cette stratégie. C'est toute la problématique des populismes qui se développent partout en Europe en opposition à ces politiques.

››› *En quoi cette crise est-elle différente des crises passées ?*

‹‹‹‹‹ La réponse est très simple : avec cette crise, les épreuves partielles et fragmentées connues au cours des vingt dernières années se présentent sous une forme simultanée, combinée et violente.

On avait connu des crises immobilières, mais aucune n'a pu avoir des effets aussi massifs d'entraînement sur l'ensemble des actifs économiques comme cela a été le cas avec la crise de 2008, à cause de la titrisation et des mécanismes de propagation.

On avait connu aussi des crises des balances des paiements, notamment les crises asiatiques ou latino-américaines, mais jamais à l'intérieur d'une même zone monétaire. L'Italie, l'Allemagne ou la Grèce ne peuvent pas avoir recours à l'arme du taux de change, puisqu'elles utilisent la même monnaie et qu'elles ne peuvent pas la dévaluer.

On avait connu des phénomènes d'emballement portant sur une catégorie d'actifs particulière, que ce soit avec les titres de la nouvelle économie ou ceux des pays émergents. Mais ils étaient isolés et on était capable de les traiter comme tels.

Ce qui frappe avec cette crise aujourd'hui, c'est comment ces différentes crises font système et se nourrissent les unes les autres.

La grande spécificité de cette crise est qu'elle remet fondamentalement en cause les modèles économiques sur lesquels nous vivions. C'est le cas des politiques laxistes des banques centrales qui, préoccupées par l'idée d'éviter tout retournement de l'activité économique, avaient tendance à inonder de liquidités le marché dès qu'un problème survenait. C'est le cas du développement du crédit comme substitut à l'augmentation des revenus des salariés. C'est le cas aussi de la croyance dans les vertus de l'autorégulation, dans les outils et les instruments de gestion du risque qui disséminaient le risque et qui se sont révélées illusoires. La crise nous a appris comment, en une fraction de seconde, des risques dispersés pouvaient se recoaguler.

››› ***Est-ce à dire que les autres régions du monde – les États-Unis, l'Asie... – commencent à se sortir de la crise économique, tandis qu'en Europe, au contraire, la situation a plutôt l'air de s'aggraver ?***

‹‹‹‹‹ Vous me donnez l'occasion de faire une conclusion à ce chapitre. Le paradoxe des paradoxes est que les États-Unis repartent, leur système financier paraît assaini, leur croissance est plus forte. Ils ont mieux géré leur déficit de finances publiques, même s'il est plus important que le nôtre, parce qu'ils ont privilégié la reprise économique sur la réduction du déficit.

››› *Ils n'ont pas réduit les dépenses ?*

‹‹‹‹‹ Ils les ont réduites mais beaucoup plus lentement. Le modèle a l'air de fonctionner puisqu'ils sont sortis de la crise : leur croissance est plus importante, leur chômage diminue, leur déficit des finances publiques reste très élevé mais ce n'est pas grave car ils arrivent à se financer à de très bas taux en raison de l'abondance de liquidités mondiales. À l'inverse, la zone euro est en décroissance économique (depuis fin 2007), a un système bancaire plus fragile, n'a pas réglé ses problèmes internes et les opinions publiques excédées se livrent, comme en Italie, à des Beppe Grillo et menacent directement l'édifice européen. La reprise actuelle reste timide.

Le paradoxe est que même le Japon, qui était dans une très mauvaise situation économique, est en train de se tirer d'affaire en utilisant de manière discrétionnaire l'arme monétaire et celle du taux de change. En Europe, nous y avons renoncé volontairement et, en plus, l'arme budgétaire fonctionne selon une logique répressive même si on constate quelques assouplissements récents.

Le paradoxe est que cette crise a démarré aux États-Unis à cause de la « finance fantôme » et des dérèglements du capitalisme américain, mais qu'elle s'épanouit maintenant en Europe en raison des faiblesses de la construction européenne.

Chapitre 3

De nouveaux remèdes à la crise ?

Le choc de la crise financière, puis l'effondrement économique qui a suivi, ont conduit à une réponse massive, rapide et coordonnée, aussi bien à l'échelle internationale que nationale, pour y remédier et pallier les défaillances de la régulation et du marché révélées à cette occasion. Quels traitements curatifs de la crise ont été appliqués ? De nouvelles solutions ont-elles émergé ? Des mesures préventives afin d'éviter de nouvelles crises de ce type sont-elles en place ?

››› *Quelles mesures ont été prises pour pallier les défaillances de la régulation au niveau économique et financier ?*

‹‹‹‹‹ Trois temps doivent être distingués : celui des mesures prises dans l'urgence, celui ensuite des décisions coordonnées lors des grands sommets du G20 afin d'essayer d'éviter le chacun pour soi, et, puis enfin, le temps des grandes réformes structurelles conduites à l'échelle d'une région ou d'un pays pour traiter à la base les dysfonctionnements qui ont provoqué la crise. Ce sont les trois horizons que l'on va essayer d'observer.

Tout d'abord, à propos du premier horizon, celui des mesures immédiates, on peut souligner que les décisions prises à chaud ont été remarquablement efficaces en dépit de la terreur ressentie face à l'emballement, aux phénomènes de contagion et de connexion des différents marchés et à leur effondrement les uns après les autres, mais aussi en dépit de la crainte d'assister à un *remake* d'un scénario type « crise de 1929 ». Trois types de mesures ont alors été adoptés.

Le premier, après la faillite de Lehman Brothers le 15 septembre 2008, est lié à la décision de stopper net le risque de contagion financière afin d'éviter l'écroulement du château de cartes financier. Les banques centrales interviennent alors massivement afin de se substituer au marché interbancaire qui avait disparu et d'injecter la liquidité nécessaire. Les États sont aussi intervenus directement pour empêcher la faillite de grandes institutions financières, soit sous forme de recapitalisations, soit carrément de nationalisations. En Grande-Bretagne, en particulier, la Royal Bank of Scotland a été nationalisée ou presque, puisque l'État est alors devenu son actionnaire majoritaire.

››› ***Ce qui peut paraître paradoxal pour un pays extrêmement libéral…***

‹‹‹‹‹ Absolument, mais il fallait éviter sa faillite. La même chose s'est produite aux États-Unis avec Citigroup, qui a été lui aussi quasiment nationalisé. En France, paradoxalement, des techniques plus douces ont été utilisées avec l'octroi de quasi-fonds propres aux banques, remboursables en cas de retour à meilleure fortune et sans contrepartie en termes de gouvernance. Donc, premier mouvement : éviter absolument l'effondrement du système financier et du château de cartes bancaire sous l'effet de faillites en cascades.

››› ***Est-il juste de dire que le modèle capitaliste, financier, ne s'est alors pas écroulé grâce à l'action des banques centrales et des gouvernements ?***

‹‹‹‹‹ Tout à fait, c'est le moment du retour des États, où l'on réalise qu'ils sont les garants du système en dernier ressort. Livrées à elles-mêmes, les banques se seraient écroulées puisque la liquidité interbancaire avait disparu, de même que les marchés de produits structurés devenus toxiques, et que les marchés d'actifs classiques (actions, obligations…) s'effondraient. En effet, la situation type alors était celle d'une banque qui, ne parvenant pas à se financer auprès de ses collègues ou sur le marché, se décide à vendre des actifs pour reconstituer ses liquidités. Mais comme aucun acheteur ne se trouve en face pour répondre à son offre, ou alors à des prix tellement bas qu'ils accélèrent la chute des marchés, elle en vient donc à céder ses actifs les plus sûrs à des prix de plus en plus faibles, accélérant ainsi la chute des différents marchés d'actifs financiers. Les marchés de produits monétaires se sont écroulés car on les soupçonnait de détenir des produits toxiques en portefeuille, puis ce furent les différents marchés de produits dérivés devenus soudain plus risqués, puis les marchés d'actions ont suivi, etc. Et la crise s'est propagée à toutes les catégories d'actifs. On a alors réalisé qu'en cas de problème de liquidités, une recorrélation des marchés d'actifs, censés être décorrélés, s'effectuait et que seule l'intervention massive des banques centrales et des États pour restaurer la liquidité et les fonds propres des banques permettait d'éviter la catastrophe. Cette première intervention a été bénie par tous les organismes internationaux, que ce soit le G20 ou le Fonds monétaire international (FMI).

Le deuxième type de mesures immédiates prises par les États visait à éviter l'effondrement d'activités économiques dépendant directement du crédit. Le secteur le plus important et le plus intéressant dans ce cas est l'automobile. Nous en avons parlé précédemment : un des effets de la crise a été de plonger les grandes maisons de Detroit – General Motors, Ford et Chrysler – dans des difficultés financières considérables suite à l'effondrement de leur marché. Cette situation était également observée dans d'autres pays européens.

Or quand les systèmes financiers sont déréglés, l'économie réelle en est immédiatement affectée. Les États sont donc intervenus massivement. Un débat s'est tenu aux États-Unis sur la question de laisser les grandes entreprises automobiles faire faillite ou non. Finalement, le président Obama a décidé qu'il était impossible de ne pas secourir ces firmes pour des raisons à la fois économiques, sociales et, je dirais presque, de paix civile car des régions entières se seraient alors littéralement effondrées. Des montages très innovants ont été élaborés dans lesquels les syndicats, les États et les entreprises se sont investis pour sauver ces grandes entreprises automobiles. Je donne l'exemple de l'automobile, mais les mêmes problèmes ont été observés dans d'autres secteurs économiques et partout dans le monde. Donc, deuxième axe de mesures prises : on ne laisse pas s'écrouler le système financier, mais on ne laisse pas s'effondrer non plus le système économique.

Le troisième grand type de mesures prises immédiatement, à l'occasion des premiers G20, a été la décision de résister à la tentation protectionniste. Avec l'exemple de la crise de 1929 en tête, les États auraient pu avoir pour premier réflexe de développer des protections, soit insidieuses à travers des sortes de *Buy American Acts* réservant la commande publique aux entreprises locales, une forme de préférence nationale, soit, au-delà, par des décisions protectionnistes prises à l'appel d'entreprises en difficulté et qui auraient abouti à la fermeture aux échanges de tel ou tel secteur. Or, les États ont remarquablement bien réagi et des phénomènes de ce type n'ont pas eu lieu. Les organes de régulation internationale ont d'ailleurs remarquablement fonctionné. Au plus fort de la crise, ils ont envoyé trois messages importants :

pas d'effondrement du système financier, pas d'effondrement économique et pas de tentation protectionniste. En retour, les États développés, mais également les Émergents, ont parfaitement joué le jeu.

À partir de ce moment, dans les premiers G20 – et c'est le deuxième horizon de mesures que je souhaitais évoquer –, on a voulu traiter la crise financière elle-même et faire en sorte que ce type de séisme financier ne se reproduise pas. Tout ce qui ne marchait pas avait été mis en évidence et peut se résumer en trois points.

D'abord, la défaillance des marchés. L'incitation à prendre des risques excessifs, l'évaluation technique du risque pris et les couvertures financières de ces risques se sont révélées comme autant de problèmes majeurs. De plus, les chaînes des intermédiaires de confiance que sont les agences de notation, les cabinets d'audit et les banques-conseil n'ont pas fonctionné correctement non plus. Il s'agit là de défaillances de marché considérables. Surtout, la plus importante a été la mauvaise appréciation, et donc la mauvaise régulation, du risque systémique, c'est-à-dire le fait qu'une institution financière était « *too big to fail* » car elle entraînerait dans sa chute l'ensemble du système financier et nécessiterait inévitablement l'intervention de l'État pour la secourir. Ce risque systémique était très clairement mal évalué. Un enjeu nouveau apparaissait autour de la régulation macroprudentielle.

Crédit, marché ou opérationnel : les risques bancaires

Le risque de crédit est celui auquel la banque s'expose quand elle accorde un crédit à un client. Or si l'emprunteur ne rembourse pas ses dettes, la banque subit une perte. Pour y faire face sans elle-même faire défaut vis-à-vis de ses créanciers, la banque doit disposer d'un capital suffisant. C'est pourquoi les réglementations récentes exigent que les banques disposent d'un certain niveau de fonds propres pour réduire le risque d'insolvabilité.

Les risque de marché sont liés aux variations du cours des titres (actions, obligations…) détenus par la banque, aux taux, aux changes entre les monnaies…

Les risques opérationnels découlent de l'incorporation croissante des avancées technologiques dans les services bancaires : panne informatique, défaut de procédure, erreur humaine…

Le deuxième point de dysfonctionnement majeur découvert résidait dans les défaillances de la régulation. Il est apparu à la faveur de la crise que les régulations comptables, financières, légales, prudentielles, qui avaient été longuement affinées avec le temps, fonctionnaient mal. Pourquoi ? D'abord, certains pays étaient dotés d'un système comportant différentes instances de régulation placées en concurrence les unes avec les autres. Plusieurs États connaissaient un véritable « *shopping* des régulations » effectué par les régulés eux-mêmes.

››› ***C'est-à-dire qu'ils choisissaient de consulter l'instance de régulation qui allait leur donner un avis positif ?***

‹‹‹‹‹ Non. Plusieurs instances de régulation existaient et certains acteurs financiers se rattachaient à l'instance « la moins disante ». C'est ce que j'appelle l'arbitrage réglementaire dont on découvre l'existence à cette occasion. Ensuite, on s'aperçoit que des pans entiers de la finance – la *shadow finance* ou « finance fantôme » – n'étaient pas régulés. Par exemple, aux États-Unis, le crédit immobilier est souvent distribué par des courtiers, il n'était donc pas régulé. Enfin, troisième découverte, lorsque la régulation existait, elle n'était pas mise en œuvre par des hommes compétents ou, plus exactement, une asymétrie formidable en termes de moyens, d'expertise, de capacités, etc. existait entre les régulateurs et les régulés. On a découvert à la faveur de la crise que des instances de régulation traitant d'opérations d'une grande complexité étaient gérées uniquement par une ou deux personnes, de faible technicité. Cette inégalité systématique entre le régulateur et le régulé posait problème. Plus important encore, les pratiques dites d'autorégulation, qui s'étaient beaucoup développées, comportaient des failles parce que, d'une part, le régulé déterminait le niveau de risque et sa couverture et, d'autre part, parce que le régulateur compétent n'avait plus une vision complète sur les risques consolidés pris dans le système financier. L'évaluation des risques pris par une banque et le calcul de la provision de ces risques étaient tellement compliqués qu'ils avaient été délégués aux banques elles-mêmes. Celles-ci disposaient donc des modèles internes d'évaluation du risque permettant de calculer les fonds propres nécessaires à la couverture de ces risques. Tout cela s'effectuait sous la supervision lointaine du régulateur, à travers les fameuses normes prudentielles de Bâle II, qui vont devenir ensuite les normes de Bâle III. Les régulateurs publics en étaient venus à considérer que la complexité des nouveaux produits financiers était telle que seuls les professionnels de la profession pouvaient réguler leurs propres affaires. Et puis, pour les produits dérivés, c'était le *lobby* lui-même – la puissante ISDA (*International Swaps and Derivatives Association*) – qui déterminait les règles. Voilà rapidement brossées les failles de la régulation.

Failles du marché, failles de la régulation et puis failles de la théorie économique, mais à ce stade, c'est moins important. La crise a montré à quel point on était désarmé intellectuellement et théoriquement pour comprendre les phénomènes à l'œuvre, notamment les crises de liquidités, et leur impact sur l'ensemble du système économique.

De Bâle II à Bâle III : un renforcement des règles de prudence bancaires

Ce sont des accords adoptés par le Comité de Bâle – qui réunit les gouverneurs des banques centrales de 27 pays – le 26 juin 2004 pour Bâle II et le 16 décembre 2010 pour Bâle III.

Bâle II avait pour objectif de permettre une couverture plus fine et complète des risques bancaires. Il a remplacé le ratio de solvabilité mis en place en 1988 (« ratio Cooke »). Entré en vigueur le 31 décembre 2006, il reposait sur trois piliers :

– le pilier 1 définissait les exigences minimales de fonds propres que devraient respecter les banques afin de couvrir les risques de crédit, de marché et opérationnels ;

– le pilier 2 établissait un processus de surveillance prudentielle individualisé. La banque analyse elle-même ses risques. Celle-ci est confrontée ensuite à l'analyse d'un contrôleur bancaire qui peut, le cas échéant, adapter son action prudentielle, par exemple en augmentant l'exigence minimale de fonds propres de la banque ;

– le pilier 3 visait à améliorer la transparence financière des banques en leur imposant de communiquer les informations permettant à des tiers d'apprécier l'adéquation de leurs fonds propres. Une meilleure discipline de marché en était attendue.

Bâle III est la réponse du Comité de Bâle à la crise financière et aux initiatives du G20 destinées à renforcer la réglementation financière mondiale. Il comporte des mesures microprudentielles, qui ont trait aux risques individuels des banques, mais aussi – ce qui est nouveau – macroprudentielles, issues d'une approche globale des risques visant à prévenir le risque d'effondrement du système financier puis économique (risque systémique). La structure en trois piliers est maintenue.

Parmi les mesures microprudentielles figurent :

– un renforcement en quantité et en qualité des fonds propres exigés pour les banques (ratio *tier one* et *core tier one*) ;

– des exigences de liquidité avec la mise en place de deux nouveaux ratios – le *liquidity coverage ratio* et le *net stable funding ratio* – afin d'éviter aux banques de succomber à une rupture brutale de liquidité.

Les dispositifs macroprudentiels visent à limiter l'effet procyclique (accentuant les tendances d'un cycle en cours) de l'activité bancaire et financière en imposant des mesures contra-cycliques (coussin supplémentaire ajouté aux exigences minimales de fonds propres en phase haute de cycle). Le risque systémique est prévenu par une surcharge de fonds propres demandée aux banques dont la chute pourrait provoquer une crise globale.

Les premières mesures devaient entrer en vigueur dès le 1er janvier 2013. Mais les États-Unis ont annoncé un retard et l'Europe devrait les appliquer en 2014. La mise en œuvre de l'ensemble des dispositions est prévue au 1er janvier 2019.

››› *Quel a été le rôle des G20 ?*

‹‹‹‹‹ Les différents G20 ont lancé les chantiers de la régulation macroprudentielle et des nouvelles instances de régulation. Mais, très rapidement, toute une série de sujets vont leur être soumis par les autorités politiques nationales avec pour effet de faire perdre de vue la direction à tenir, le sens des urgences et les réformes structurelles fondamentales à mener. Ainsi, lors des G20, certains participants pouvaient soutenir que le problème essentiel était celui des agences de notation, puis à un autre moment, la prise de risque excessive des *traders*, le rôle des paradis fiscaux, etc. Alors qu'en fait, la question centrale est celle des dysfonctionnements majeurs des marchés, de la régulation et, au-delà, de la tutelle politique des marchés. Assez rapidement, ce que j'appelle la fenêtre de la réforme radicale va se refermer. Le rôle du G20 a été majeur dans la phase aiguë de gestion de la crise. Les réformes structurelles seront davantage le fait d'instances politiques nationales ou régionales et d'organismes techniques comme la Banque des règlements internationaux (BRI).

Au plus fort de la tourmente, plusieurs idées pour traiter le risque de crise financière à la racine et éviter sa répétition ont été formulées.

La première est le retour au *Glass-Steagall Act*. L'idée essentielle partait du constat qu'il était inutile d'essayer de raffiner la régulation, de construire des murailles de Chine ou d'inventer des dispositifs compliqués de contrôle des risques. Le système financier était devenu tellement puissant et global, et surtout le poids de la finance par rapport au PIB de certains États était si important que ce secteur était devenu incontrôlable. Je vous donne quelques exemples pour l'illustrer : le total de bilans des banques islandaises était, comme à Chypre, plus de dix fois supérieur au PIB du pays, et en France, il était trois fois plus important. Puisque le poids de la finance était devenu tel, l'idée était donc de revenir au principe fondamental du *Glass-Steagall Act*, la spécialisation et la séparation des institutions financières. Ainsi, les différents métiers de la finance – banque de détail, de gros, de marché, l'assurance, le *brokerage*, c'est-à-dire l'intermédiation – devaient être exercés par des acteurs spécifiques. Il fallait sortir d'un modèle, au sein duquel une grande institution comme Citigroup pouvait pratiquer toutes ces activités, pour se diriger vers celui qui existait au moment du *Glass-Steagall Act* où les institutions financières étaient spécialisées par métier. Il était également nécessaire, pour chacune de ces activités, qu'aucun acteur n'ait un poids monopolistique ou quasi monopolistique, une position dominante. Selon le *Glass-Steagall Act,* une banque commerciale ne doit pas être présente dans plus de deux États à la fois. Donc la ligne directrice était de casser, fragmenter et spécialiser le monde de la finance.

La seconde idée radicale était d'interdire, purement et simplement, les activités dont le bénéfice économique n'était pas évident. Cela concernait toute une série d'opérations portant sur les produits dérivés, par exemple les « CDS nus » (*naked credit default swaps*). Il existe toute une série de produits dérivés dont l'utilité est évidente pour les financiers eux-mêmes, mais pas pour l'économie. Donc, dans certains cas, il est nécessaire d'avoir le courage d'interdire purement et simplement certaines activités.

Que sont les *credit default swaps* (CDS) ?

À l'origine, ce sont des produits d'assurance mis au point par les banques pour se protéger du risque de défaut d'un emprunteur. Ainsi, les détenteurs d'obligations – qui sont des titres de créance à long terme émis par une entreprise ou un État – peuvent se protéger contre le risque de non-remboursement de l'emprunt à son échéance en achetant des CDS. Une prime régulière est versée au vendeur de CDS qui en retour s'engage à racheter les obligations à leur détenteur en cas de faillite de l'emprunteur. On parle de « CDS nus » lorsque les acheteurs de CDS ne détiennent pas d'obligations. En achetant des CDS, ils parient sur le défaut de paiement de l'entreprise ou de l'État emprunteur.
Les CDS sont donc devenus des produits de spéculation qui ont participé à déstabiliser le marché financier.

Une troisième idée fondamentale était que toute activité financière doit être régulée. Aucune astuce ou recours au « hors bilan » ou au marché de gré à gré ne doit plus exister. Tout ce qui représente, d'une manière ou d'une autre, un facteur de risque pour le système financier et, au-delà, pour le contribuable qui en est le garant ultime, doit être régulé. Ainsi, tout ce qui relève, par exemple, d'un système de bonus ou d'incitation à la prise de risque, que l'on pourrait considérer comme relevant d'une logique privée, doit être organisé. Parce que la prise de risque, par définition, crée des risques pour tout le monde, sa régulation ne peut être laissée uniquement aux acteurs privés. Le principe des bonus – pile, vous gagnez quand vous réussissez vos paris, mais, face, si vous perdez, vous ne perdez rien parce que vous avez toujours votre salaire fixe – qui ne fonctionne que dans un sens est également clairement inacceptable. D'où l'idée d'entrer dans la régulation fine de tous les acteurs financiers pour que leurs actions ne conduisent pas à des déséquilibres majeurs.

Et puis, une autre idée plus radicale encore était d'introduire une taxe Tobin, c'est-à-dire une taxe sur les transactions financières. Elle aurait été calculée de telle sorte que, premièrement, elle tue les activités parasites et, deuxièmement, elle offre un bon rendement pour constituer les matelas de sécurité nécessaires pour protéger les États en cas de crise future. Mais ces idées radicales n'ont pas vraiment fait école parce que, très rapidement, deux ou trois soucis se sont manifestés.

››› ***Quels sont-ils ?***

‹‹‹‹‹ D'abord, celui de relancer l'activité économique le plus rapidement possible. Pour cela, il fallait donc rétablir les banques dans leurs fonctions de crédit, facteur majeur pour la prospérité de l'ensemble de l'économie. Donc le premier souci est de trouver un moyen d'aider les banques à retrouver rapidement leurs fonctions et de faire en sorte qu'elles puissent rapidement réinjecter des crédits dans l'économie.

Le deuxième souci, apparu très vite, était de savoir comment éviter que la réglementation adoptée par un pays ne le desserve en termes de compétitivité par rapport à ses voisins qui en « auraient moins fait ».

Et puis, la troisième difficulté, qui ne s'est pas révélée sur le moment mais qui est devenue de plus en plus sérieuse, porte sur la différence des systèmes financiers entre les pays. En effet, une même régulation appliquée à des États différents a des effets potentiellement catastrophiques. Je m'explique. L'un des grands résultats de cette crise est l'accélération du déploiement des solutions de Bâle II et Bâle III, de normes de solvabilité, de liquidité et de levier. Mais ce n'est pas sans poser des problèmes. Prenons deux exemples extrêmes : les États-Unis et la France. La

France est un pays d'intermédiation bancaire, où le poids du crédit bancaire est particulièrement important dans le financement de l'économie. Les États-Unis, quant à eux, sont un pays de financement par les marchés. Le rôle des banques dans le financement de l'économie y est donc beaucoup moins essentiel. Pour le dire de manière très schématique, c'est du 80-20 mais dans des sens opposés pour les deux pays. Or, les régulations particulièrement sévères portant sur le crédit bancaire ou la détention d'actifs d'entreprises affaiblissent considérablement les pays de financement bancaire, comme la France, par rapport aux autres. C'est un comble lorsqu'on songe que la crise est venue des pays de financement par le marché. Dès l'entrée dans le détail de l'application des différentes normes prudentielles, les différences entre les pays ressurgissent et s'ouvrent alors des batailles particulièrement importantes autour du choix de la solution véritable de régulation.

C'est pour cela que je dis, et je m'arrête sur ce point, que la fenêtre de la réforme radicale, ouverte dans le feu de l'action, immédiatement après la crise, qui aurait permis de prendre des décisions drastiques de refondation de la finance pour la mettre au service de l'économie, la rendre moins volatile, diminuer les risques qu'elle introduisait dans les économies des différents pays, réduire les formidables leviers d'endettement dans des économies globalement hyper-endettées, se referme rapidement.

Une troisième phase s'ouvre alors, celle que nous connaissons encore aujourd'hui, où l'on débat de plus en plus finement, dans un cadre national ou européen, des orientations à prendre pour réformer le système financier, en s'appuyant sur deux ou trois idées.

››› ***Pouvez-vous détailler ces pistes de réforme ?***

‹‹‹‹‹ La première idée est d'éviter, en cas de nouvelle crise financière, que le contribuable paye. Il s'agit donc de développer des mécanismes d'assurance du système financier par lui-même, pour qu'en cas de problème, les ressources tirées du système financier, plutôt que l'appel aux contribuables, permettent de traiter la crise. La loi Dodd-Frank du 21 juillet 2010, qui est la grande loi de régulation financière aux États-Unis, a particulièrement veillé au respect de cette idée. C'est la première piste majeure de réforme.

La deuxième piste majeure de réforme consiste à bien séparer les activités « casino » des activités de service public, qui ne doivent pas pouvoir cohabiter dans une même entité financière. Dans ce domaine, une mesure va inspirer tout le reste, la *Volcker Rule,* du nom de Paul Volcker, ancien président de la Réserve fédérale américaine entre 1979 et 1987.

La loi Dodd-Frank

Le *Dodd-Frank Wall Street Reform and Consumer Protection Act* est la principale loi de réforme du système financier aux États-Unis. Adoptée le 21 juillet 2010, elle a pour but de renforcer la transparence et la responsabilisation du système financier afin d'éviter de faire reposer sur les contribuables le poids des sauvetages de banques *too big to fail.*

La loi prévoit, entre autres, la création de nouvelles agences de réglementation et le renforcement des pouvoirs des agences déjà existantes comme la *Securities and Exchange Commission* (SEC) – sorte d'équivalent de l'Autorité des marchés financiers française –, de meilleures protections pour l'actionnaire et le consommateur, la limitation de l'investissement des banques dans des produits à risque comme les fonds de pension (*Volcker Rule*).

Adoptée aux États-Unis en 2010, elle consiste à dire qu'il existe trois activités particulièrement toxiques parce que très risquées – *proprietary trading*, *hedge funds*, *private equity* – et qu'elles ne doivent pas être mêlées au sein d'une banque de détail qui recueille l'épargne, les dépôts et fait du crédit classique. Les activités de *proprietary trading* sont celles où la banque spécule pour son compte propre avec son propre capital et ses propres ressources. En spéculant avec ses fonds propres, elle risque de perdre et, du coup, affaiblit les garanties qu'elle est censée mettre en face des crédits qu'elle accorde. La deuxième activité, les *hedge funds*, est une activité très spéculative d'arbitrage portant sur différentes catégories d'actifs. Enfin, l'activité de *private equity* consiste en un investissement en capital d'une banque dans des entités pour favoriser leur retournement ou leur décollage économique.

La troisième idée majeure de réforme est la réorganisation des conglomérats financiers afin de séparer nettement les activités de banque de détail de celles de banque de marché (ou banque de gros). Elle diffère de la *Volcker Rule* qui traitait d'activités proportionnellement peu importantes (de l'ordre de 2 ou 3 %) au sein d'établissements comme Citigroup. En revanche, pour une société comme BNP-Paribas, les activités de marché représentent entre le tiers et la moitié du total, et les activités de détail, la moitié. Il s'agit donc de trouver des solutions, en créant une séparation juridique, comptable, ou patrimoniale, pour isoler organiquement des activités aux profils de risques différents. C'est un grand thème de réflexion qui, à terme, aboutit à la remise en cause du modèle de la banque universelle exerçant l'ensemble des activités bancaires. Or, les banques européennes, et françaises en particulier, sont des banques universelles.

Voilà, rapidement présentées les trois directions majeures des réformes de la régulation. À partir de là, des réformes financières sont initiées par différents pays, dont les chantiers sont plus ou moins avancés à l'automne 2013. L'un d'entre eux est avancé, voire terminé, c'est le chantier américain avec le *Dodd-Frank Act* et la *Volcker Rule*. Les Américains sont allés très vite. D'ailleurs, ils ont remarquablement géré leur crise. Ils ont recapitalisé leurs banques, adopté une nouvelle loi et, globalement, le système financier américain est reparti de l'avant. Au niveau européen, le processus de réforme est en cours et s'appuie sur le rapport Liikanen remis en octobre 2012 à la Commission européenne. Mais celle-ci n'a pas encore pris les décisions nécessaires. Parallèlement, des initiatives plus nationales sont menées. En France, la loi de séparation et de régulation des activités bancaires du 26 juillet 2013 a été votée mais son impact semble assez réduit. Les Anglais, quant à eux, ont fourni le travail le plus ambitieux intellectuellement, mais il n'a pas encore débouché sur des décisions. Il repose sur le rapport de l'économiste John Vickers, qui présidait une commission d'experts (*Independent Commission on Banking*), remis en septembre 2011. Ses réflexions sur les modalités de la séparation entre les activités de banque de détail et de banque de marché sont les plus poussées.

Les réformes européennes : les rapports Liikanen et Vickers, et la loi bancaire française

En février 2012, la Commission européenne a mis en place un groupe d'experts chargé de réfléchir à d'éventuelles réformes structurelles du secteur bancaire en Europe en plus des réformes de la réglementation. Il s'agissait de renforcer la stabilité financière et la protection des consommateurs. Erkki Liikanen, gouverneur de la Banque centrale de Finlande et ancien membre de la Commission, a été nommé à sa tête. Le groupe a remis son rapport à la Commission le 2 octobre 2012. Il a conclu à la nécessité de mener des réformes structurelles. Il préconise notamment de filialiser une grande partie des activités de marché des groupes bancaires, une révision des exigences de fonds propres et un renforcement de la gouvernance et du contrôle des banques. La Commission examine actuellement les différentes options de réforme possibles.

Dès 2010, le Royaume-Uni a lancé un processus de réforme bancaire en commandant un rapport à une commission d'experts, l'*Independent Commission on Banking*. Celle-ci était présidée par John Vickers et a remis ses conclusions en septembre 2011. Elles plaident en faveur d'une séparation et d'un cloisonnement (*ring-fencing*) des activités de dépôt. D'après John Vickers, il s'agit de « protéger les agneaux plutôt que de mettre les loups en cage ». Le but est de faciliter l'identification des secteurs à sauver en cas de crise et de limiter le coût pour le contribuable. Les propositions ont été reprises par le Gouvernement britannique en décembre 2011. Un pré-projet a été déposé au Parlement en octobre 2012. En février 2013, le Gouvernement y a ajouté des dispositions recommandées par les parlementaires comme la possibilité pour le régulateur d'ordonner la séparation totale d'un groupe bancaire entre ses parties banque de détail et banque d'investissement s'il cherchait à contourner l'esprit de la loi. Le texte pourrait être voté d'ici la fin 2013 et mis en œuvre entre 2015 et 2018.

En France, le secteur bancaire vient d'être réformé par la loi du 26 juillet 2013 de séparation et de régulation des activités bancaires. Le projet de texte avait été déposé au Parlement en décembre 2012. En conséquence, d'ici 2015, les banques devront héberger leurs activités spéculatives dans une filiale financée de façon autonome. Les activités les plus spéculatives seront interdites. Ces mesures devraient renforcer la protection des dépôts des épargnants. Les banques seront tenues de publier notamment le nom et la nature de leurs activités, leur produit net bancaire, leurs effectifs en personnel. Elles seront encadrées par une Haute Autorité de contrôle renforcée. Les consommateurs seront protégés par un plafonnement des frais bancaires et les emprunts des collectivités locales seront encadrés. Cependant, lors de l'adoption de la loi, certains, jugeant la définition des activités à filialiser trop restrictive, ont souligné que la réforme risquait d'avoir un impact limité.

››› ***Donc, pour résumer, des mesures sont prises à chaud, puis une fenêtre de réforme financière radicale s'ouvre mais se referme vite, et ensuite, on entre dans le détail, les directions que vous venez de présenter sont tracées et des réformes s'appliquent pays par pays. Il n'y a pas de réforme de la régulation mondiale ?***

‹‹‹‹‹ La régulation mondiale, bien entendu, a progressé mais selon un chemin parallèle, qui avait commencé à être esquissé avant la crise. Il s'agit de toute la réglementation prudentielle, liée aux accords de Bâle II, puis Bâle III, mis en œuvre selon un agenda de plus en plus resserré et anticipé. La question de la modalité de traitement du risque, de son évaluation, de sa pondération et de sa couverture par des capitaux propres y est traitée. Les principes de Bâle III ont été adoptés. Ils comportent deux volets : un volet de ratio de solvabilité et un volet de ratio de liquidité.

Concernant les ratios de solvabilité, on a décidé de les élever considérablement. Ils mesurent les capitaux que vous devez mettre en face du risque que vous prenez. Le ratio central de solvabilité, le *Core Tier 1*, est fixé à 4,5 % mais en pratique à 9 %. Cela signifie que le risque doit être couvert à hauteur de 9 % par du capital. Les banques essayent donc de tendre le plus vite possible vers ce nouveau ratio.

Mais la crise a mis en évidence également la possibilité de disparitions brutales de liquidités et l'incapacité des banques à céder suffisamment rapidement certains actifs pour pallier cette disparition. L'idée s'est donc imposée, qu'à côté des normes de solvabilité, des normes de liquidité devaient être mises en place. Les banques doivent donc avoir dans leur bilan un certain nombre d'actifs « ultra-liquides » afin de faire face à des crises de ce genre. Sur la question de la liquidité, le débat est encore très animé car, bien entendu, plus ce ratio de liquidité est important et plus le métier même de la banque se transforme. En effet, cela implique qu'elle effectue de moins en moins de transformation de dépôts en crédits et qu'elle dispose d'actifs de plus en plus liquides. Cela explique aussi la réduction des crédits de très longue durée, parce qu'ils doivent être nourris par des ressources de maturité équivalente. La question de la liquidité est très controversée car c'est l'offre de crédit et son coût qui se jouent.

Enfin, un troisième problème est apparu qui, lui aussi, a été réglé au niveau international, il s'agit du traitement du risque systémique. Ce que j'ai évoqué au début. Des institutions financières considérées comme systémiques ont été définies au niveau international et des listes ont été élaborées. Ces « entreprises systémiques » se sont vu imposer une surcharge en capital. Leur ratio de solvabilité n'est pas fixé à 9 % mais à

9 % + 2,5 %. Elles doivent donc avoir un sur-matelas de protection en capital, afin de prévenir les risques spécifiques dus à leur taille et aux effets systémiques qu'ils peuvent avoir. Aux côtés de ces mesures, des normes comptables ont aussi été élaborées au niveau international.

››› ***Vous souligniez précédemment l'importance de l'idée selon laquelle le système ne pouvait pas être régulé par des acteurs extérieurs incapables de le comprendre. Or, ce que vous présentez semble indiquer que le système n'a pas pu se réguler lui-même.***

‹‹‹‹‹ Tout à fait, le système n'a clairement pas pu se réguler lui-même. Du coup, c'est le retour de l'État, mais surtout la constitution de régulateurs mondiaux, régionaux et nationaux, avec un choix cornélien, qui a fini par être tranché.

À partir du moment où des réformes radicales n'ont pas été adoptées, où la « nuit du 4-Août » de la régulation financière est devenue impossible, les directions dans lesquelles on a travaillé ont obéi au schéma suivant. Tout d'abord, à défaut d'appliquer strictement les principes du *Glass-Steagall Act*, c'est-à-dire la séparation, la spécialisation et le cantonnement des activités bancaires, on a essayé d'isoler les activités les plus spéculatives – c'est la *Volcker Rule* – et, plus généralement, concernant les activités dites courantes qui ne sont pas particulièrement toxiques, de définir des ensembles plus facilement contrôlables. Par exemple, le rapport Vickers avance l'idée, en cas de maintien au sein d'une même entité d'activités différentes, de clairement les filialiser et de calculer les capitaux nécessaires à la couverture du risque au niveau de la filiale elle-même, pour que le capital d'une activité de détail ne puisse pas servir à garantir des opérations de banque de marché. Ce n'est pas l'application stricte du *Glass-Steagall Act*, mais c'est une réorganisation fonctionnelle qui s'accompagne d'une identification claire des métiers et d'une allocation de capital en fonction du type de risque pris. C'est le premier élément.

Le deuxième élément concerne l'évaluation des risques. Celle-ci n'était pas correctement effectuée et la couverture de ces risques par le capital n'était pas suffisante. La révision de la façon de pondérer les risques semblait être la solution. Les différents risques ont été reconsidérés et une nouvelle hiérarchie des risques a été élaborée. Par exemple, détenir de la dette souveraine a longtemps été considéré comme un risque zéro. Avec la crise européenne, il est évident que ce n'est plus le cas. La pondération des différents risques est donc revue et les exigences en capital destinées à les garantir sont modulées. La meilleure illustration en est bien entendu la surcharge pour risques systémiques que j'ai évoquée tout à l'heure.

Troisièmement, dans ce schéma de réforme, existe l'idée que certaines activités sont nocives, qu'il faut purement et simplement les interdire. Des mesures d'interdictions partielles sont ponctuellement intervenues. Par exemple, des opérations à découvert ont été interdites à certains moments de la crise. À défaut de mesure radicale, on combine des interdictions partielles, des modulations de capital en fonction de risques et des séparations d'activités qui, sans être totales, permettent malgré tout de rendre les choses plus étanches.

Et puis surtout, dans la période plus récente, notamment à la faveur des crises européennes, un pas supplémentaire a été franchi. En effet, concernant la résolution des crises bancaires, on a évolué d'un modèle de « *bail out* », c'est-à-dire de résolution par la puissance publique, à un modèle de « *bail in* », c'est-à-dire de résolution par la purge des différents détenteurs d'actifs de la banque elle-même. L'idée est donc de passer d'une situation où l'État intervient pour sauver la banque au nom de l'intérêt général du système financier, à une situation où il n'intervient qu'en dernier recours. C'est le scénario de l'opération chypriote : on commence par mettre à contribution les actionnaires, ensuite on se tourne vers les détenteurs d'obligations, qui sont de trois types : les juniors, les mezzanines et les seniors, selon le degré de garantie. Ensuite, les déposants peuvent éventuellement être sollicités, particulièrement les plus importants d'entre eux dans la mesure où eux-mêmes, en ayant effectué de volumineux dépôts bien rémunérés, prenaient en fait un risque qu'il est logique qu'ils assument en cas de difficultés. Cette évolution – du *bail out* vers le *bail in* – est en train de s'esquisser au niveau européen à la faveur du débat sur le volet résolution de l'union bancaire.

Le schéma de réorganisation est donc en train de se complexifier en mêlant séparation d'activité, modulation de taux, résolution et même taxation, puisqu'on a évoqué tout à l'heure celle des transactions financières. Le régime qui se met en place progressivement est un *patchwork* reposant sur de grands principes généraux.

››› *Des mesures ont-elles été prises à l'encontre des agences de notation ?*

‹‹‹‹‹ En Europe, il avait été décidé de mettre en place une agence de notation européenne, mais cette idée a été abandonnée très calmement, car cela n'a pas de sens. Pourquoi y a-t-il eu un sujet « agences de notation » ? Parce qu'on s'est rendu compte qu'elles se trompaient beaucoup et parfois de manière intéressée. Par exemple, pendant la crise asiatique de 1997-1998, elles avaient accordé des notes aux dettes asiatiques comparables à celles des pays européens les plus solvables, ce qui était absurde. Il en a été de même quand il a fallu coter les différents titres adossés aux *subprimes*. Donc, la défaillance des agences de notation a conduit à s'interroger sur leur rôle jugé trop important dans la régulation du système et sur leur modèle économique qui les faisait dépendre de leurs clients. Comment les agences de notation, payées par leurs clients dont elles doivent aussi évaluer les produits, pourraient-elles être des outils fiables et intégrés dans des régulations publiques ? Le conflit d'intérêt fondamental existant à la base du métier d'agence de notation a donc immédiatement été souligné. Pour le traiter, deux solutions sont possibles.

La première est de faire en sorte que cet outil privé ne serve pas à la régulation publique. Cela impose aux instances de régulation de se doter de leurs propres outils de notation, ce qui représente un coût d'accès à l'information considérable et une perte d'économie d'échelle. Cela peut aussi conduire à inventer un nouveau modèle économique de rémunération du métier des agences de notation, mais il n'a pas été trouvé. Cette solution pouvait encore aboutir à multiplier les agences de notation, c'est-à-dire à casser l'oligopole des agences. L'économiste français Michel Aglietta a proposé de faire de la notation un service public mondial. Cette idée a été reprise au niveau européen sans grand succès jusqu'ici car elle ne règle pas la question du modèle économique de ces agences. Comment se financerait cette agence européenne ?

››› *Par des impôts ?*

‹‹‹‹‹ Dans ce cas, c'est un service public et il faut accepter qu'on crée un service public de la notation au niveau européen. Cela ne règle ni le problème des économies d'échelle, ni la question du risque de capture, ni celui de la concurrence. De plus, ce n'est pas ce qui était voulu. Il s'agissait de diversifier l'offre d'agences de notation, de contester le monopole des grandes sociétés en la matière. Mais aucun modèle économique n'a été trouvé pour réaliser cet objectif. Le paradoxe aujourd'hui est qu'on reproche aux agences de notation exactement le contraire de ce qui leur était reproché il y a quelque temps. Au départ, on critiquait leurs notes jugées laxistes, maintenant on blâme, dans le cadre de la crise européenne, leur trop grande sévérité, qui précipite les crises. Mais tout cela n'est pas central.

Ce qui est central, c'est l'absence de régulation, la régulation inadaptée, contradictoire ou pro-cyclique, les défaillances de marché, l'absence de volonté pour les corriger, la concurrence entre systèmes financiers, l'application d'une même régulation à des systèmes financiers différents. Toutes ces questions sont complexes. L'attention s'est fixée sur les bonus des *traders* et les agences de notation. Cela a provoqué beaucoup d'agitation, alors que ces sujets ne sont pas fondamentaux.

››› *Ils étaient voyants pour le grand-public...*

‹‹‹‹‹ Mais pour résumer les étapes d'élaboration des remèdes à la crise : d'abord, au plus fort de la crise, de bons réflexes ont été à l'œuvre. Une raison très simple que je n'ai pas encore évoquée y a aussi contribué : la présence de personnes qualifiées aux commandes du système financier mondial. Était alors en poste notamment Ben Bernanke, président de la Fed, spécialiste de la crise de 1929, des questions de stress financier aigu et des questions de liquidité. Particulièrement qualifié, il a donc pris tout de suite de bonnes décisions. En face de lui, on trouvait Henry Paulson, secrétaire au Trésor, très bon connaisseur de Wall Street puisqu'il en était issu en tant qu'ancien patron de Goldman Sachs.

Le deuxième élément très positif est la constitution et la réunion très rapide du G20 qui a été capable de délivrer le message articulé en trois volets que j'ai évoqué. La position du G20 a été radicale, parce qu'il a plaidé ouvertement, notamment à l'inspiration du FMI et donc de Dominique Strauss-Kahn, pour des mesures de relance immédiate en se souciant peu des déficits et des dettes accumulés. Ce discours était très novateur. Le G20, le FMI et le Conseil de stabilité financière ont fonctionné et ont joué un rôle très positif.

FMI, BRI, CSF, Comité de Bâle, de quoi parle-t-on ?

Le Fonds monétaire international (FMI), créé en juillet 1944 lors de la conférence de Bretton Woods, regroupe 188 pays et siège à Washington. Son objectif principal est de veiller à la stabilité du système monétaire international. Son champ d'action a été étendu récemment à l'ensemble des questions macroéconomiques et financières ayant une incidence sur la stabilité mondiale. Il est présidé par Christine Lagarde.

La Banque des règlements internationaux (BRI), créée en 1930, est la plus ancienne organisation financière internationale. Elle compte 60 pays membres et contribue à promouvoir le dialogue et la collaboration entre leurs banques centrales. Elle est située à Bâle en Suisse.

Le Conseil de stabilité financière (CSF) a été établi en avril 2009 lors de la réunion du G20 à Londres. Il succède au Forum de stabilité financière, lui-même fondé en 1999 par le G7 (Allemagne, Canada, États-Unis, France, Japon, Italie, Royaume-Uni). Il comprend notamment l'Espagne, Hong-Kong, les Pays-Bas, Singapour, la Suisse, le FMI, la BRI, l'OCDE, la Commission européenne. Il vise à améliorer la coopération en matière de supervision et de surveillance des institutions financières. Il est dirigé par Mark Carney, le gouverneur de la Bank of England. Le CSF est hébergé par la BRI à Bâle.

Le Comité de Bâle, créé en 1974, traite de régulation et de supervision bancaires. Il est chargé d'améliorer la stabilité financière en renforçant la solidité du système financier mondial, l'efficacité du contrôle prudentiel et la coopération entre régulateurs bancaires. Il rassemble les superviseurs de 27 pays. Les bonnes pratiques qu'ils recommandent prennent la forme d'accords (Bâle II et III) qui ne sont pas juridiquement contraignants pour ses membres. Son secrétariat se situe à Bâle, à la BRI.

Troisième étape, les grandes organisations internationales, type Comité de Bâle, ont pris le relais et ont su rendre très rapidement opérationnelles les différentes orientations prises en matière de régulation prudentielle.

Quatrièmement, au niveau européen, une action coordonnée a également eu lieu, après un petit passage à vide, grâce aux propositions du Premier ministre britannique, Gordon Brown. Il a fourni immédiatement la boîte à outils : soutien des déposants, recapitalisation des banques en difficulté, reconstruction des mécanismes de crédit interbancaire. Nicolas Sarkozy, qui assumait la présidence de l'Union européenne, a réussi à faire adopter par les autorités européennes cette panoplie élaborée par Gordon Brown. On a pu dire ensuite que le G20 se réunissait pour pas grand-chose, mais son rôle n'est pas de rentrer dans les détails techniques des régulations financières.

Enfin, très naturellement, les grands chantiers de réforme ont été lancés aux États-Unis, en Angleterre et en Europe. Ils prennent du temps en raison des processus de consultation des représentations nationales. Au total, le pire a été évité et, avec le recul, il est possible de dire qu'au fond, les États-Unis sont aujourd'hui sortis de la crise, alors que l'Europe peine à en sortir. Il existe une différence notable entre les institutions d'une nation comme les États-Unis, où tous les outils et toutes les armes sont disponibles pour traiter une crise majeure à chaud et à froid, et celles de l'Europe, collection d'États mal coordonnés avec une monnaie commune inachevée et une régulation très insuffisante, qui paye son manque d'intégration. L'économiste italien Tommaso Paddoa-Schioppa, ministre de l'Économie entre 2006 et 2008, avait parlé d'une « monnaie sans État ». La rapidité de la réaction américaine dans le traitement de la crise est très frappante : restructuration du système bancaire américain, qui n'a pas encore véritablement eu lieu en Europe, mise en place de mécanismes de résolution qui fonctionnent remarquablement bien, alors que l'Europe en est encore à discuter des modalités de l'union bancaire. Le contraste est véritablement violent. En effet, aux États-Unis, l'activité économique a dépassé son niveau d'avant la crise, alors qu'en Europe, elle reste en dessous, le chômage est en train de baisser aux États-Unis, alors qu'il augmente chez nous… Le bilan est vraiment préoccupant.

››› *La solution se trouve-t-elle dans la gouvernance internationale ?*

‹‹‹‹‹ La gouvernance internationale a bien fonctionné. En particulier, elle a été capable de fixer très rapidement les principes de résolution de la crise et, en même temps, de tracer les lignes rouges à ne pas franchir. Au fond, les principes qu'elle a posés dès le départ ont été déclinés :
1. prévenir le risque systémique, puis ensuite réformer la régulation macroprudentielle ; 2. réduire l'hypertrophie financière : la finance doit être au service de l'économie et les activités parasitaires doivent être éliminées. Cela a commencé à être mis en œuvre ; 3. réaligner les incitations (ex. : les bonus). C'était une façon de dire que la prise de risque devait fonctionner dans les deux sens. Cela ne pouvait pas être un jeu dans lequel on gagne à tous les coups.

Ceci dit, la régulation internationale s'arrête aux portes des conflits d'intérêts majeurs qui existent entre les différents blocs économiques européens. C'est toute la question des déséquilibres globaux et de leurs impacts en matière de crédit et de change.

Cet aspect est au cœur de la crise que nous avons connue depuis 2007. Les déséquilibres économiques et financiers préexistaient à la crise et sont le résultat de la mondialisation bancale. D'un côté, on trouve une économie chinoise très exportatrice, investissant massivement, avec une consommation faible et donc génératrice d'excédents commerciaux transformés en réserves financières à investir. Et de l'autre côté, figurent les États-Unis, avec une sphère du crédit formidablement développée, et une consommation très importante financée par le crédit, des déficits commerciaux qui n'ont cessé de s'aggraver et des besoins financiers à combler. Les capitaux excédentaires des pays émergents, comme la Chine, ou des pays rentiers, comme les États du Golfe, se sont déversés vers les États-Unis. Entre les nations excédentaires et déficitaires, s'est constituée une sphère financière de gestion du risque qui convertissait l'épargne sans risque chinoise en un investissement risqué aux États-Unis. L'intermédiation était assurée par cette sphère financière qui gérait le risque. Tant que l'économie mondiale est aussi déséquilibrée, les déséquilibres financiers perdurent et provoquent des dérèglements en série. La seule façon de corriger ce problème est donc de remédier à ces déséquilibres globaux. C'est de faire en sorte que les Chinois consomment plus, que les Américains épargnent plus et que les mouvements de capitaux soient liés à des investissements et non au financement de la consommation courante. Cela implique, pour la Chine, d'accepter de réduire ses excédents commerciaux et, pour les États-Unis, de diminuer sa consommation et d'accroître son épargne. Mais, surtout, cela suppose, du point de vue financier, de plus strictement réguler et contrôler cet entre-deux qui transforme de l'épargne sans risque en un investissement très risqué.

D'où la nécessité d'inventer un régulateur systémique au niveau mondial et de supprimer, dans les systèmes de régulation nationaux, tout ce qui peut favoriser l'arbitrage entre régulations. Cela implique de combler les « trous » de la régulation et, en même temps, dans des situations d'instabilité économique, d'éviter que les régulations n'aggravent les déséquilibres qu'elles prétendent corriger. En effet, certaines régulations ont des effets pro-cycliques – qui accentuent les tendances du cycle économique en cours – alors qu'il faudrait développer des régulations contra-cycliques – qui contrebalancent et compensent les effets de ces évolutions. Ainsi, si les normes de capital sont fonction du dynamisme de l'activité, c'est-à-dire que plus l'activité s'emballe, moins les besoins en capitaux sont importants car les risques sont censés être moindres, cela incite à développer encore plus l'activité alors qu'il faudrait au contraire la réduire. C'est ce qu'on appelle des normes pro-cycliques. Des mécanismes d'alarme sont nécessaires. Ils auraient, par exemple, dû sonner en Espagne lors du formidable emballement du crédit immobilier. Cela impose de revoir le design institutionnel, de mieux penser l'articulation entre les marchés et la régulation, puis de réaligner les incitations. Voilà le schéma global.

››› *Faudrait-il une nouvelle instance de régulation mondiale ? Celles qui existent actuellement ne suffisent-elles pas ou peut-être en manque-t-il une ?*

‹‹‹‹‹ Nous avons nombre d'instances de régulation au niveau mondial mais il manque le régulateur systémique. Cependant des embryons existent déjà avec ce que l'on appelle le Conseil de stabilité financière. Au Sommet de Londres en avril 2009, les chefs d'État du G20 décident de transformer le Forum de stabilité financière (FSF) en Conseil de stabilité financière. Il réunit le FMI, la BRI, etc. Entre le G20, la BRI, le Conseil de stabilité financière, les autorités de régulation européennes, il existe un nombre suffisant d'instances de régulation. Simplement, on a observé que lorsque l'urgence est moindre, les incitations à la réforme faiblissent et les dynamiques de concurrence interne reprennent. Un exemple nous en est fourni au niveau européen. Pourquoi la réforme Liikanen n'avance-t-elle pas ? Parce que les Allemands veulent protéger leur système bancaire et les Français leurs banques universelles. Les normes de séparation et de spécialisation sont considérées comme trop sévères par les uns et insuffisantes par les autres. Le cas de la réforme bancaire française est instructif également.

››› ***Certains commentateurs n'ont-ils pas souligné que les dispositifs proposés étaient inférieurs à ceux du rapport Liikanen ?***

‹‹‹‹‹ Absolument. Il est très probable que la mise en œuvre de ce rapport conduira à une nouvelle réforme de la régulation bancaire française. Tout simplement, parce que les normes de séparation françaises sont insuffisantes. On a fait une réforme à l'américaine mais sans la complexité et le raffinement américains. On pourrait dire en résumé qu'on a adopté une *Volcker Rule*. On a circonscrit les trois activités bancaires les plus risquées. Et comme nos banques classiques n'étaient pas très performantes dans ces trois activités risquées, cela ne change en fait pas grand-chose. On y a ajouté quelques éléments sur l'obligation des banques de déclarer leurs possessions dans les paradis fiscaux.

››› ***Quelles sont les conséquences de cet élan de réforme pour la pensée économique ? Une théorie de la régulation se développe-t-elle ?***

‹‹‹‹‹ Précédemment, j'avais souligné l'existence d'une triple défaillance dont celle de la théorie. Cette dernière est maintenant traitée. Le modèle macroéconomique sur lequel on travaillait était un modèle de théorie générale sans contrainte financière. La grande découverte de cette crise dans ce domaine est qu'il est impossible de penser les équilibres économiques généraux sans incorporer cette contrainte financière.

Chapitre 4

Et la France dans tout ça ?

Depuis 2008, la France ressent, elle aussi, les effets de la crise économique puis de la crise des dettes publiques européennes. Beaucoup de commentaires comparent ses performances à celles de l'Allemagne et plus largement à celles de ses homologues européens et occidentaux. Qu'en est-il ? La France résiste-t-elle mieux à la crise ou non ? Quels seraient ses atouts et ses faiblesses face à la tourmente économique ?

››› *Comment la France a-t-elle réagi à l'arrivée de la crise ?*

‹‹‹‹‹ La France a beaucoup mieux résisté à la crise que les États-Unis ou le Royaume-Uni à cause d'une moindre spécialisation dans la finance, beaucoup mieux que le Japon ou l'Allemagne à cause d'une moindre spécialisation dans l'industrie, beaucoup mieux que l'Espagne à cause d'une moindre spécialisation dans l'immobilier et la construction et beaucoup mieux que les pays grands exportateurs à cause d'une moindre ouverture économique.

La diversité des activités, la moindre ouverture et le rôle de l'État expliquent cette résilience française en situation de crise. La France, proche en cela de ses voisins européens continentaux a mieux résisté à la crise que les pays anglo-saxons en raison de la taille et de la qualité des filets protecteurs sociaux et de l'activisme des États qui n'hésitent pas à laisser jouer les stabilisateurs automatiques, voire à mener des politiques contra-cycliques.

La question qui se pose dès lors est de savoir si le modèle économique français est plus adapté aux gestions de crise ou si la résistance en cas de choc n'est pas le simple reflet de rigidités, qui protégeraient à la baisse, mais qui inhiberaient aussi les rebonds.

Pendant la période la plus aiguë de la crise des *subprimes*, de mi-2007 à mi-2009, chacun constate que la France résiste beaucoup mieux à la crise et, au-delà de la France, l'Europe. Paul Krugman, prix Nobel d'économie 2008 américain, le souligne à l'envi, se démarquant ainsi des analyses les plus répandues aux États-Unis (« Learning from Europe », *New York Times,* 11 janvier 2010). L'Europe y est en général décrite comme en panne, accablée par un État-providence qui désincite au travail et freine l'esprit d'entreprise. Pour Krugman, l'Europe a une croissance, mesurée en PIB par habitant, et une productivité comparables à celles des États-Unis mais avec de moindres inégalités sociales, un État social redistributif et une meilleure aptitude à user des nouvelles technologies. Au fond, l'Europe, dit Krugman, à cause de ce mélange particulier de performance économique mesurée par les gains de productivité, du rôle de l'État, de moindres inégalités sociales, et d'une moindre emprise de la finance, résiste beaucoup mieux à la crise.

Au cœur de la crise, la publication par le *Financial Times* d'une série d'articles vantant les vertus de la rigidité sociale qui permet de ralentir la progression du chômage et de la moindre flexibilité des marchés témoigne de cette découverte par les analystes anglo-saxons de la résilience européenne face à la crise. Le quotidien fait également l'éloge de l'État-providence, traditionnellement décrit comme vecteur de gaspillage, mais qui, en l'occurrence, a permis d'amortir le choc. Et il vante même les interventions industrielles afin d'éviter les faillites, ce qu'on appelait avant le socialisme industriel. Le *Financial Times* lui trouve alors des vertus, puisqu'il permet d'éviter l'effondrement de pans entiers de l'activité économique. Et au sein de cette Union européenne, le pays le plus rigide, à l'État-providence le plus développé et l'État le plus interventionniste, est bien sûr la France. Celle-ci va donc encore mieux résister que les autres pays européens à cette crise. La question qui se pose rapidement ensuite est de savoir s'il existe des vertus intrinsèques à la rigidité en cas de crise ou bien des qualités propres au modèle français qu'il s'agirait de redécouvrir. On peut se souvenir à ce propos d'un épisode politique. Nicolas Sarkozy, pendant la campagne électorale pour la présidence de la République et sitôt élu en 2007, avait développé un discours très hostile au modèle social français, aux lourdeurs de l'État-providence qui serait désincitateur au travail, etc. Puis, à la faveur de la crise, il redécouvre les vertus de l'État-providence, de l'État interventionniste et du modèle français.

Avant d'aller plus loin, il est d'abord nécessaire de compléter le diagnostic sur la meilleure performance française face à la crise, de mieux identifier les « rigidités » utiles et les « vertus » des spécialisations faibles.

››› *Est-ce vrai qu'elle résiste mieux que l'Allemagne ?*

‹‹‹‹‹ La France résiste beaucoup mieux au cœur de la crise que les autres pays européens. Elle résiste mieux si on considère les divers indicateurs mesurant l'évolution du PIB, de la production industrielle, du chômage ou de l'évolution de la consommation. Bref, la France fait mieux que la plupart des pays de l'Union européenne et de l'OCDE, États-Unis et Japon compris. Ainsi, en 2009, le PIB français baisse de 3,1 %, mais de 4,4 % dans la zone euro et de 5,1 % en Allemagne. Quelles sont les raisons de ces meilleures performances de la France ? Plusieurs explications simples peuvent être avancées.

La première est que la France est un pays moins industriel que l'Allemagne et donc moins dépendant des exportations de ce secteur. Or celles-ci représentent les trois quarts du total des exportations. En cas de chute du commerce international, comme en 2009, l'effondrement du commerce de produits industriels suit mécaniquement. Les pays les moins ouverts et les moins dépendants du commerce extérieur, notamment de produits industriels, résistent donc mieux que les pays plus ouverts et plus engagés dans le commerce international. Au fond, la faiblesse de la France est un atout. Sa faible spécialisation dans les produits échangeables est un avantage.

La deuxième raison est que la France s'est beaucoup moins engagée dans le *boom* immobilier que l'Espagne ou même l'Angleterre et l'Irlande. Ainsi, la part de l'industrie de la construction par rapport au PIB national était deux fois plus importante en Espagne que dans l'Hexagone. La France ne s'est pas livrée à ces excès et n'a donc pas eu à en subir les effets très négatifs qu'ont connus l'Espagne ou l'Irlande. C'est un deuxième élément très important.

La troisième raison tient au fait que la France n'a pas hypertrophié sa sphère financière, comme cela a été le cas par exemple en Angleterre. Le poids de l'industrie financière dans le PIB français est deux fois moindre que ce qu'il est au Royaume-Uni. Cela a constitué un facteur protecteur pour l'économie hexagonale. La France est donc moins industrielle, moins immobilière et moins financière que les pays qui connaissent les chocs les plus importants comme l'Angleterre, l'Espagne ou l'Allemagne. Ces trois éléments d'explication de la résistance particulière de la France au début de la crise sont liés à la nature de sa spécialisation productive.

Mais au-delà, si on observe la situation de plus près – et c'est la quatrième raison de cette meilleure résistance –, la France est un pays au portefeuille d'activités particulièrement diversifié. Ce n'est pas un grand pays industriel, mais c'est un pays industriel. C'est un grand pays agricole avec une industrie agro-alimentaire importante, mais l'agro-alimentaire est une activité parmi d'autres. La France dispose d'une industrie du luxe développée, qui est moins sensible aux effets de l'effondrement du commerce international courant. Son secteur énergétique propre est conséquent avec une industrie nucléaire forte et des opérateurs énergétiques importants dans le pétrole, le gaz, l'électricité, etc. C'est un pays qui connaît une très grande activité touristique : la France est la première destination touristique dans le monde. C'est le point de passage obligé pour les transactions commerciales qui s'effectuent au niveau européen. Les avantages liés à sa géographie en font une grande plate-forme logistique multimodale avec des aéroports importants et de grandes infrastructures de transports. La France a développé une spécialité dans les services aux collectivités locales, notamment en matière d'eau, de déchets, avec des leaders mondiaux comme Veolia, etc.

En résumé, la France a un portefeuille d'activités très varié qui lui permet de mieux résister au choc international affectant d'abord les échanges de biens industriels, mais aussi la finance, le secteur du bâtiment et des travaux publics (BTP) et la construction.

Mais ce n'est pas tout. La France est dotée d'un État-providence solide, qui permet d'amortir les chocs. D'ailleurs, la politique de relance française a laissé jouer les « stabilisateurs automatiques ». Quand vous laissez simplement dériver les dépenses publiques – les dépenses de santé, de retraite, de chômage, d'entretien des services publics – alors que les recettes diminuent, des déficits se créent et sont financés par la dette. Mais, en même temps, cela signifie que la relance, le soutien de l'activité économique s'effectuent automatiquement sans qu'il faille décider d'un plan de soutien à l'activité.

La France ne laisse pas simplement agir ces stabilisateurs automatiques. Par rapport aux différents pays européens, elle a également mené une action très volontariste en faveur de la relance économique.

Que sont des stabilisateurs automatiques ?

Cette expression désigne les mécanismes économiques dont l'action, dite contra-cyclique, favorise automatiquement un retour à l'équilibre en cas de variations de l'activité économique. Ainsi, en période de récession, les dépenses publiques comme les allocations chômage évitent une baisse trop brutale des revenus, de la demande et donc de la production.

Les fameux plans de soutien à l'activité et le ministère chargé de la Mise en œuvre du plan de relance, confié à Patrick Devedjian, ont accéléré le financement de projets d'équipements sur le territoire. La première réponse française est donc l'État-providence. La deuxième réponse est le soutien à l'activité et sa relance par des investissements dans des infrastructures. Les chantiers fleurissent alors en France : accélération de la construction d'un hôpital, d'une université, de salles polyvalentes, d'une route, d'un tronçon de ligne à grande vitesse, etc.

Enfin, au cœur de la crise, l'État français adopte une stratégie d'intervention économique et industrielle, horizontale et verticale. Cette politique permet de sauver des pans entiers d'industries menaçant de s'effondrer, comme l'automobile et sa sous-traitance dont les carnets de commandes se sont asséchés. Elle permet de passer un mauvais cap et d'initier une réorientation commerciale des décolleteurs de la vallée de l'Arve. Elle contribue à restaurer la santé financière d'entreprises en péril à travers la médiation financière. L'intervention de l'État est donc multiforme : d'abord directe, afin de venir en aide au secteur financier pour qu'il ne s'effondre pas, ensuite contra-cyclique, puis sectorielle. Au plus fort de la crise, l'État intervient donc utilement pour amortir le choc. Mais les raisons expliquant la meilleure résistance de la France à la crise sont aussi de nature plus structurelle et fondamentale.

››› *Quelles sont-elles ?*

‹‹‹‹‹ La diversité de son portefeuille d'activités est un élément structurel fondamental. La dépendance française à l'égard du commerce international est moindre parce que le pays est moins spécialisé. Le degré d'extraversion de l'économie française est beaucoup plus faible que celui de l'Allemagne. Au tournant des années 2000, la France et l'Allemagne avaient à peu près le même taux d'extraversion : nous exportions et importions l'équivalent de 25 % du PIB. Dix ans plus tard, la situation est très différente : le taux français n'a pratiquement pas bougé mais celui de l'Allemagne a gagné près de vingt points. C'est un élément très déterminant dans la réaction à la crise.

Le troisième facteur, qui est également structurel, est le taux d'endettement peu élevé des ménages, notamment par rapport aux États-Unis et au Royaume-Uni. Le taux d'endettement des ménages, rapporté au PIB, a connu une formidable progression dans les vingt années qui ont précédé la crise, aussi bien aux États-Unis qu'au Royaume-Uni, mais peu en France. Il y est à peu près deux fois moindre qu'aux États-Unis (77 % contre 130 % en 2010). L'historien de l'économie, Jacques Marseille, avait l'habitude de dire qu'en matière de crédit, nous avions une culture et une prudence quasi paysannes. Il n'y a donc pas eu d'emballement de l'endettement.

La quatrième caractéristique tient à l'organisation du système bancaire français et aux pratiques plus prudentes et plus régulées des banques, notamment dans le domaine de l'immobilier. Lors de nos précédents entretiens, j'ai évoqué le mode de financement de l'immobilier aux États-Unis et notamment le fait qu'on y prête sur la base de l'appréciation future des logements, même ceux en cours de remboursement, alors qu'en France on prête sur la base des revenus, de leur récurrence et des apports personnels. Aux États-Unis, des crédits ninjas, « *no income, no job, no assets* », très risqués se sont développés. Ce n'est pas du tout la pratique française qui est plus prudente.

Pour résumer : pratiques plus prudentes des banques, taux d'endettement peu élevé des ménages, dépendance mesurée à l'industrie et aux exportations, poids important de l'État, importance modérée des secteurs les plus touchés par la crise, comme l'immobilier et la finance, par rapport au Royaume-Uni ou à l'Espagne… Tous ces éléments fonctionnent de manière remarquablement favorable pour le modèle français. Mais chacun d'entre eux peut être retourné pour observer ce qui se passe en situation de reprise économique.

››› ***C'est-à-dire ?***

‹‹‹‹‹ Ces facteurs sont très avantageux quand on s'enfonce dans la crise : on résiste mieux, on a des amortisseurs. Mais en contrepartie, nous rebondissons beaucoup moins bien lors de la reprise. Les différents éléments positifs en cas de difficultés économiques se retournent terme à terme quand l'activité repart. C'est le cas de la faible spécialisation industrielle française : en situation de rebond et d'accélération de la reprise économique, la France n'est pas entraînée et reste sur place au moment où les échanges se remettent à se développer très rapidement, voire à exploser. L'exemple de l'Allemagne est là encore tout à fait probant. La reprise allemande est beaucoup plus violente et accélérée que la reprise française à cause, bien entendu, de la faiblesse relative de l'industrie française et de la désindustrialisation accélérée de notre pays.

Remarquable efficacité de la protection sociale et de l'État, taux de prélèvements obligatoires important, ratio de dépense publique sur PIB parmi les plus élevés dans le monde, oui ! Mais le revers de tout cela est une fiscalité particulièrement lourde, qui s'est traduite notamment par un effondrement des taux de marge des entreprises, par la faiblesse de leur autofinancement, et donc par leur difficulté à rebondir lorsque les marchés se sont faits plus porteurs. La faible rentabilité, le médiocre autofinancement entraînent une moindre propension des entreprises à investir et à saisir les opportunités de croissance. Lorsque ce phénomène s'installe dans le temps, les positions relatives dans le commerce international du pays concerné, notamment en termes de gamme, se dégradent progressivement et son aptitude à rebondir et à se développer en phase de reprise du cycle devient moindre. C'est exactement ce qui est observé lors des reprises de 2010-2011. L'Allemagne, par exemple, connaît alors des taux de croissance très forts, tandis que la France se situe à un niveau beaucoup moins élevé. La France n'a pas retrouvé à ce jour le niveau de PIB constaté fin 2007, alors que l'Allemagne, les États-Unis qui avaient connu des creux plus marqués en 2009 ont dépassé leur niveau de richesse de fin 2007. Il faut comprendre la mécanique qui produit ces résultats : en situation de crise, l'État laisse filer les déficits et la dette pour soutenir l'activité et la consommation, mais très rapidement il faut limiter les déficits, trouver des ressources nouvelles ne serait-ce que pour préserver la qualité de la signature française sur les marchés de capitaux. L'État augmente alors l'impôt. Par souci économique – préserver la consommation – et social – respecter le principe d'équité –, il est souvent conduit à surtaxer l'entreprise, l'épargne et le capital, ce qui aggrave le problème de compétitivité qu'on veut traiter par ailleurs.

Parmi les traits structurels du modèle français, l'exemple du système de protection de l'emploi est instructif. Celui-ci est très efficace pour les *insiders*, pour les gens en place, et beaucoup moins pour les intérimaires, les jeunes, les seniors, les détenteurs de

CDD, les salariés à temps partiel non choisi, etc. En situation de crise, on commence par éliminer tous les hors-statut, le taux de chômage progresse mais moins que ce qui serait justifié à cause des rigidités du marché de l'emploi. Si bien qu'en situation de reprise, l'emploi ne repart à la hausse qu'avec un long décalage. Il faut en effet d'abord redonner de l'activité aux salariés maintenus, puis faire appel aux précaires et intérimaires avant d'envisager de recruter en CDD puis en CDI. En d'autres termes, la politique de l'emploi française ne permet pas de protéger le capital humain dans les périodes basses du cycle économique et, dans les phases de reprise, en raison d'une espèce d'inertie du système, les niveaux d'emplois d'avant-crise sont plus difficiles à retrouver. Et on sort donc de la crise avec un niveau de chômage plus élevé.

Un autre trait structurel problématique du modèle français est la faiblesse de la structure bilancielle des entreprises et de leur niveau de rentabilité. Leurs capacités d'autofinancement s'en trouvent amoindries par la crise, parce qu'elles n'ont pas les marges de manœuvre et les degrés de sécurité leur permettant de résister. D'où une accélération de la mortalité des entreprises, une destruction de capital physique qui amplifie les effets de la dégradation du capital humain, ce qui handicape la capacité de rebond.

La crise a mis en évidence ces traits structurels du modèle français. Pour sortir durablement de la crise, il est nécessaire de les réinterroger, pour ne pas dire les réformer, très significativement. La phase européenne de la crise de 2007-2013 va révéler de la manière la plus claire ces faiblesses structurelles.

››› *Quels sujets de réforme émergent avec la crise européenne ?*

‹‹‹‹‹ Ce sont essentiellement quatre sujets. Le premier qui apparaît avec force au sortir de la crise européenne est le formidable affaiblissement industriel français et le fait que, dans ce domaine, la France est un pays du Sud et non du Nord de l'Europe. Les débats sur la désindustrialisation, la perte de compétitivité, l'effondrement des taux de marge ou des capacités d'autofinancement, une fiscalité qui pèse sur le travail et affaiblit la compétitivité relative de l'appareil productif français mettent ce sujet en avant. À la faveur de la double crise financière et européenne, la question productive française est donc redécouverte. Le rapport Gallois, *Pacte pour la compétitivité de l'industrie française*, présenté en novembre 2012, va favoriser cette prise de conscience, même s'il n'y a rien dans ce texte qui n'ait été écrit de nombreuses fois avant. Ce rapport est en fait un opérateur symbolique : ce que les publics avertis savaient depuis toujours, dans un contexte de crise particulier et à la faveur de l'arrivée de la gauche au pouvoir, va devenir un savoir largement partagé à gauche et à droite, dans les milieux académiques comme dans le grand-public. La nouveauté n'est pas le savoir en lui-même, mais son large partage. C'est le premier élément.

La deuxième urgence apparue à la faveur de la crise est celle des déficits publics et de la maîtrise de la dette publique. Là encore, il ne s'agissait pas d'une découverte réelle. Avant la crise, de grands débats avaient eu lieu sur l'addiction française à la dépense publique et aux déficits et chacun de rappeler l'impossibilité de voter un budget en équilibre depuis 1974 ou la constante progression du ratio dette/PIB qui n'était qu'à 20 % en 1980. Le rapport Pébereau, *Rompre avec la facilité de la dette publique* (2006), demandé par le ministre des Finances de l'époque, Thierry Breton, insistait sur le caractère insupportable d'un État qui fonctionnait en faisant appel de façon croissante au déficit et à la dette pour financer ses dépenses courantes et non des investissements d'avenir. Cette problématique était donc bien connue. Mais avec la crise, le phénomène s'est emballé, puisqu'on est passé d'à peu près 60 points de PIB à 90, soit 30 points supplémentaires de dette, ce qui représente environ 600 milliards d'euros. La contrainte des finances publiques devient donc un problème très sérieux. En effet, quand la contrainte budgétaire est forte, notamment dans le cadre européen, et que l'activité économique se tend, les marges de manœuvre disponibles pour mener des politiques contra-cycliques se réduisent considérablement.

Si l'on combine problèmes de compétitivité, faible croissance et absence de marges de manœuvre budgétaire, alors il apparaît que toute action décisive en matière de compétitivité, passant par une réduction ou un transfert fiscal massif, est rendue particulièrement difficile par ce problème budgétaire. De plus, se pose la question de l'efficacité de la dépense publique. Au-delà des marges de manœuvre budgétaires et fiscales disponibles pour mener à bien les politiques contra-cycliques et les réformes structurelles de compétitivité, on ne peut pas ne pas s'interroger sur l'efficacité de la dépense publique. Or, les performances globales de la France en matière éducative se dégradent fortement, tout comme celles en matière de sécurité, et la politique de la ville semble être un échec. La question du rapport entre l'évolution de la dépense publique et la qualité des services publics, notamment en termes de résultats obtenus doit être débattue. Les travaux menés sur l'efficacité du système de santé participent également de ce mouvement. Quand 32 % du PIB sont consacrés aux dépenses sociales, la question de l'efficacité de la dépense publique devient particulièrement importante.

Le troisième grand sujet est l'importance du chômage en France et son caractère persistant. Ainsi, même dans les phases hautes du cycle économique, le taux de chômage reste très élevé et progresse, bien entendu, dans les situations de retournement économique, avec comme facteur aggravant le caractère dual du marché du travail entre *insiders* et *outsiders* que j'évoquais tout à l'heure. Malgré un niveau de chômage important, le coût salarial ne cesse de s'élever. En d'autres termes, il n'y a pas de mécanisme d'ajustement de marché – alors que c'est le cas par exemple au Royaume-Uni – entre le niveau de l'activité économique, celui du chômage et le coût salarial. C'est une question particulièrement importante. En effet, en comparant les résultats français à ceux de l'Allemagne sur les dix dernières années, il apparaît que le coût salarial unitaire est en France systématiquement supérieur aux gains de productivité, alors que la situation est rigoureusement inverse en Allemagne, c'est du reste la raison pour laquelle le partage de la valeur ajoutée s'est en Allemagne déformé au profit du capital. C'est une explication à la fois du compromis allemand en faveur de la compétitivité et du maintien de l'emploi, et du compromis implicite français en faveur du chômage indemnisé, de la consommation et de la dégradation des marges des entreprises.

Une quatrième caractéristique est que la France est un pays où le partage de la valeur ajoutée reste remarquablement stable sur une très longue période. Toutes les modifications majeures de l'environnement économique (mondialisation, intégration européenne, etc.) n'ont pas produit les mêmes effets observés ailleurs sur la croissance des inégalités et le partage de la valeur ajoutée. De ce point de vue, la France est un pays assez singulier. Si la représentation commune veut que les inégalités se soient formidablement développées en France, la réalité est tout autre. Le rapport interdécile, qui est le meilleur outil d'analyse de l'évolution des inégalités, reste remarquablement stable en France, autour de 3, alors qu'il varie très fortement dans tous les pays, y compris l'Allemagne ou les pays nordiques, pour de ne rien dire des États-Unis et de l'Angleterre. La France reste donc un pays relativement égalitaire en termes de revenu. De même, en ce qui concerne le partage de la valeur ajoutée, beaucoup considèrent que la part du capital a fortement augmenté au détriment de celle du travail. Encore une fois, c'est faux. La question cruciale dans ce genre de débat est bien entendu celle du choix de la période de référence. En effet, en France, le partage de la valeur ajoutée s'est effondré pour les entreprises après la crise de 1973 et de 1979 au profit du travail, puis, dans les années 1980, il s'est progressivement reconstitué avec un rééquilibrage. Mais, si vous tirez un trait de 1958 à aujourd'hui, il apparaît que le partage de la valeur ajoutée a été remarquablement stable, malgré les bouleversements économiques observés pendant la période.

Une société égalitaire, rigide, fortement redistributive, en voie de désindustrialisation accélérée, au portefeuille d'activités varié, avec un État-providence très développé et un État interventionniste, ces différentes caractéristiques se sont manifestées à la faveur de la crise et, en même temps, ont mis en lumière les traits fondamentaux du modèle économique et social français.

››› *Le système financier et bancaire français a-t-il mieux résisté que d'autres ?*

‹‹‹‹‹ Plusieurs réponses peuvent être faites à cette question. La première est : factuellement, oui. À part le cas de Dexia, qui n'était pas une banque française mais au moins binationale, aucune grande banque française ne s'est effondrée ou n'a été nationalisée en catastrophe pour être sauvée. De ce point de vue, la situation de la Royal Bank of Scotland, des caisses d'épargne espagnoles ou de certaines banques allemandes ou hollandaises qui ont dû être nationalisées, a été évitée. Les grandes banques universelles, comme la BNP, la Société générale, le Crédit agricole ou la BPCE, ont enregistré des pertes importantes sur certaines de leurs activités de marché. Elles ont dû réduire leurs bilans, liquider des actifs, notamment à cause du tarissement des financements à court terme en dollars, reconstituer leurs fonds propres, mais aucune d'entre elles ne s'est effondrée. L'État leur a imposé à un moment une recapitalisation, une augmentation de leurs fonds propres, partiellement financée par des fonds prêtés par l'État et remboursés depuis, mais, au total, ces banques ont tenu. Aucune d'entre elles n'a violemment contracté le volume des crédits accordés à l'économie, puisque l'activité de crédit a continué à être soutenue. Le premier constat d'évidence est donc que ce système financier et bancaire a résisté, alors même qu'il est fondé sur une activité de transformation forte. Les banques jouent un rôle tout à fait central dans le financement de l'économie, qu'il s'agisse des activités des ménages ou des entreprises.

Mais ces banques universelles comprenaient des activités beaucoup plus risquées et rémunératrices que les crédits immobiliers faits aux particuliers. Par exemple, la Société générale est un des champions mondiaux en matière de dérivés actions (contrat portant sur l'achat d'une action à une date future et à un prix fixé au moment du contrat), la BNP l'est également pour la gestion de ce qu'on appelle les *fixed incomes* (investissements permettant d'obtenir des revenus fixes, comme des obligations ou des Sicav). Le système bancaire français a assez bien résisté et la régulation n'a pas comporté de « trous » aussi importants que ceux observés dans d'autres pays, comme aux États-Unis en matière de crédit immobilier ou de concurrence entre instances de régulation. La France disposait donc d'un système un peu mieux borné.

››› *Que s'est-il passé avec Dexia alors ?*

‹‹‹‹‹ Cette entreprise belgo-franco-luxembourgeoise a fait faillite et a été démantelée. Elle a coûté beaucoup d'argent aux contribuables français, belges et luxembourgeois. Pourquoi cette banque a-t-elle connu de telles difficultés ? S'il fallait répondre en une phrase : parce qu'elle n'était pas une banque universelle avec une base domestique puissante, ce qui est le cas de la BNP, de la Société générale ou du Crédit agricole.

Au départ, Dexia est le fruit de la fusion entre une activité de prêt aux collectivités locales en France, portée par le Crédit local de France, filiale de la Caisse des dépôts et consignations, une banque de dépôt belge, le Crédit communal de Belgique, et une petite société luxembourgeoise, la BIL. Or, sur cette base assez étroite, s'est constitué un groupe financier européen. La faiblesse de Dexia est donc de ne pas avoir de base de dépôt large ou nationale et d'être présente en même temps sur deux marchés, l'un pas très rentable (le marché des prêts aux collectivités locales) et l'autre assez étroit (le marché de la banque de détail belge). Cette banque s'est inventé un avenir et un destin en développant son activité financière, en s'engageant dans de nombreux nouveaux domaines comme, par exemple, les rehausseurs de crédits (établissements financiers apportant leur garantie à un organisme émettant des emprunts sur les marchés financiers), la banque d'affaires (en rachetant des sociétés hollandaises), l'*asset management,* le financement à crédit d'achat d'actions et, surtout, la constitution d'un grand portefeuille obligataire avec un financement opéré sur le marché. Cette banque était donc particulièrement fragile dès lors que la crise de liquidité s'installait en Europe et que le marché interbancaire se tarissait, puisqu'elle empruntait en permanence des liquidités sur le marché à court terme pour nourrir son portefeuille d'obligations et pour financer toutes ses autres activités bancaires et financières. Cette dépendance particulière à la liquidité l'a donc particulièrement fragilisée.

À partir du moment où la crise des *subprimes* s'aggravait aux États-Unis, l'activité de rehaussement de crédit de Dexia était sinistrée. De surcroît, plus la crise financière se développait et plus des catégories d'actifs tombaient les unes après les autres, les acquisitions qu'elle avait faites dans des banques d'affaires aux Pays-Bas et ailleurs se trouvaient dès lors en difficulté. Enfin, lorsque la crise des dettes européennes a éclaté, le portefeuille de dettes souveraines qu'elle détenait s'est trouvé lui-même fragilisé. En résumé, toutes ses activités ont été attaquées les unes après les autres, avec comme facteur aggravant spécifique un besoin de liquidité qui ne pouvait être satisfait que sur les marchés, et quand ceux-ci se sont fermés, la banque ne pouvait plus se financer.

Dexia : un sinistre coûteux, des risques persistants

C'est le titre du rapport de la Cour des comptes rendu public le 18 juillet 2013 et qui porte uniquement sur la partie française de Dexia.

Il souligne les faiblesses structurelles du groupe transnational dès sa création en 1996. Son modèle financier reposait sur un financement de prêts à très long terme par des ressources de moyen terme et, pour une part importante, de court terme. Il supposait le bon fonctionnement du marché monétaire et un accès facile à ce marché grâce à de bonnes notations financières. Ces conditions n'ont plus été réunies à partir de 2008 en raison de la crise de liquidités. La Cour des comptes souligne que le conseil d'administration de Dexia n'a pas su anticiper la montée des risques à partir de l'été 2007.

Un plan de sauvetage a été mis en œuvre en 2008 par les États belge et français. En contrepartie des aides d'État, la Commission européenne a demandé un plan de restructuration. Mais le déclenchement de la crise des dettes souveraines en 2011, à laquelle Dexia était très exposée, a rendu son démantèlement nécessaire. Au total, selon la Cour, le coût direct de ce « sinistre » s'élève pour la partie française à 6,6 milliards d'euros.

››› *Si le système financier et bancaire fonctionnait plutôt bien, mis à part le cas particulier de Dexia, pourquoi fallait-il le réformer ?*

‹‹‹‹‹ Même si aucun échec majeur de la finance française ou d'organisation n'a été constaté, le système financier français devait être réformé pour plusieurs raisons. La première est que la France, pas plus que les autres pays, n'avait un système de régulation macroprudentielle, ni une bonne couverture du risque systémique. La France devait donc s'adapter à ce facteur général. Ensuite, elle était également tenue, en tant que membre de l'Union européenne, de se conformer au nouveau modèle d'organisation financière décidé par l'Union. Enfin, la France devait s'adapter comme les autres États aux nouvelles règles prudentielles, définies au niveau mondial, en matière de solvabilité et de liquidité (Bâle II et Bâle III, *cf.* chapitre 3).

Or, ces éléments ont un impact spécifique sur la France en raison à la fois de l'importance de l'intermédiation bancaire et du caractère universel de ses banques, mais aussi des modalités de fabrication du crédit. La France devait aussi faire sa réforme financière et, par définition, les options présentées précédemment (*cf.* chapitre 3) s'offraient également à elle. Parallèlement, la gauche était arrivée au pouvoir et, dans un discours célèbre du Bourget prononcé le 22 janvier 2012, le candidat socialiste à la présidence de la République avait déclaré que son véritable adversaire était le monde de la finance. Tout cela devait donc nécessairement conduire à une réforme financière.

››› *Quels ont été les enjeux de cette réforme ?*

‹‹‹‹‹ Le premier enjeu était de savoir si les banques universelles allaient être démantelées ou pas. La réponse a été non. Ensuite, il fallait déterminer si les activités de banque de gros et de banque de marché devaient être isolées dans des filiales spécifiques sur le modèle proposé par les rapports Vickers et Liikanen. La réponse a été encore une fois non. À partir de là, seules quelques activités hyper-spéculatives, qui relèvent de la finance de casino et qui représentent 2,5 à 3 % du bilan des banques, ont été cantonnées. Quelques mesures sur les paradis fiscaux ont été ajoutées. Ainsi, les banques sont tenues de rendre publics leurs activités et leur niveau d'imposition dans les paradis fiscaux. Au total, cette réforme ne remet rien de fondamental en cause alors qu'il existe des fragilités spécifiques au système français.

Celles-ci tiennent d'abord au fait que les banques françaises font plus de crédit que de dépôt. Ensuite, quand des activités très risquées de banque de marché et d'autres plus sûres de banque de détail sont maintenues sous le « même chapeau », c'est-à-dire dans une même structure intégrée de banque, c'est quand même l'ensemble qui est exposé au risque. Cela signifie que le cordon ombilical avec l'État, garant en dernier ressort du système, n'est pas véritablement coupé alors que l'un des objets de cette réforme était d'éviter de solliciter le contribuable. La puissance de l'activité bancaire et la crainte de désorganiser le financement de l'économie ont certainement abouti à l'impossibilité de pousser aussi loin la réforme. Il n'est pas improbable que la copie soit remise sur la table après l'adoption des directives Liikanen.

››› ***Certains peuvent avancer que la crise de la dette est liée à une crise des ressources de l'État, et non des dépenses, au sens où l'on aurait remplacé progressivement l'impôt par l'emprunt. Qu'en est-il ?***

‹‹‹‹‹ Cette question mêle plusieurs problèmes différents et témoigne de l'existence d'une confusion. Le premier problème sérieux est celui du financement de l'État. De ce point de vue, il y a un avant et un après la loi du 3 janvier 1973 sur la Banque de France. Avant cette loi, quand l'État avait des besoins financiers de court terme, il demandait à la Banque de France de lui fournir l'argent nécessaire et celle-ci était tenue de le lui prêter. C'est ce qu'on appelait le financement par le circuit du Trésor. Le problème est que l'État n'a alors plus aucune obligation d'équilibrer ses comptes puisque, quand il a besoin d'argent, il l'obtient auprès de la Banque de France.

Mais surtout, c'est un financement inflationniste car, en résumé, pour couvrir les besoins de l'État, on crée de la monnaie. En 1973, cette loi, surnommée par certains « Pompidou-Rothschild », a réformé les mécanismes de financement de l'État. Celui-ci doit désormais distinguer ses besoins financiers à court, moyen et à long termes et recourir au financement par la dette. C'est un moment très important où l'on bascule d'un monde dans lequel l'État se finance discrétionnairement auprès de la banque centrale en faisant marcher « la planche à billets » à un monde où l'État s'endette pour couvrir ses besoins financiers. C'est un premier problème.

Le deuxième problème qui apparaît dans cette question est celui du report par l'État des augmentations d'impôts nécessaires à l'équilibre des finances publiques pour des raisons diverses. Cela pouvait être soit parce qu'il estimait qu'un prélèvement fiscal supplémentaire pouvait déprimer l'activité et la consommation – ceci explique la formation des déficits récurrents et leur accroissement continu –, soit parce qu'il finance à crédit des baisses d'impôts. Dans ce cas, c'est un facteur aggravant : l'État se prive volontairement de ressources financières, parce qu'il considère que des effets vertueux sur l'économie vont en résulter, alors qu'il n'a pas les moyens de le financer.

Un troisième élément est aussi mêlé à cette question, celui de l'internationalisation du placement de la dette de l'État. L'État français a estimé utile de diversifier et d'internationaliser le placement de sa dette. La composition de la dette française en termes de détention a varié fortement au cours des quinze, vingt dernières années sous l'effet notamment de la création de l'Agence France Trésor, le 8 février 2001, et du développement du marketing international de la dette. Aujourd'hui, la dette française est détenue aux deux tiers par des investisseurs étrangers.

En conséquence, selon le raisonnement combinant ces trois éléments, l'État a des ressources insuffisantes pour faire face à ses besoins, il ne peut plus recourir au financement de la banque centrale, il s'endette et en plus auprès d'investisseurs étrangers. En résumé, l'avenir du service public français est remis entre les mains de la finance internationale. Ce sont trois processus analytiquement différents qui aboutissent à une proposition globalement fausse, la fameuse loi Pompidou-Rothschild.

La décision de cesser de recourir au financement des besoins de l'État par le circuit du Trésor a d'abord été une modalité de lutte contre l'inflation, renforcée ensuite par la perspective de l'intégration européenne. La banque centrale devait devenir indépendante et ne pas obéir aux injonctions du Gouvernement. Il y a donc en premier un sujet de lutte contre l'inflation et, en second, d'autonomie de la politique monétaire par rapport à la politique budgétaire. On peut contester cela, mais c'est le choix politique qui a été fait.

Le deuxième problème tient au recours croissant, depuis le début des années 1980, au déficit et à la dette. En 1981, le ratio dette sur PIB était de 20 % et il est de 95 % aujourd'hui. Depuis 1981, le financement normal de l'économie, hors phases très hautes du cycle, était le déficit et la dette. C'est un choix macroéconomique. Patrick Artus dans son dernier livre parle de trente ou quarante ans d'erreurs de politiques macroéconomiques (avec Marie-Paule Virard, *Les apprentis sorciers. 40 ans d'échec de la politique économique française,* 2013). Et il a mille fois raison, c'est parfaitement trivial de dire cela. Depuis 1974, à chaque dérèglement économique – il y en a eu tous les deux ou trois ans –, on a préféré faire du déficit et de la dette. Tous les courants politiques au pouvoir successivement ont fait des choix totalement irraisonnés du point de vue de l'orthodoxie des finances publiques.

Enfin, à propos du troisième élément, la dette française étant devenue la première ou la deuxième d'Europe en termes de flux annuel de dette, le gisement national ne pouvait plus suffire à la financer, sauf à prendre des mesures similaires au Japon incitant fortement leurs ressortissants à acheter de la dette nationale. Dans une perspective d'européanisation, de mondialisation et de libération des flux financiers, il était donc parfaitement légitime d'aller chercher des financements aux quatre coins du monde.

Il y a trois problèmes différents. Mais sur le fond, au cours des trente dernières années, on est passé d'une situation de maîtrise totale de nos financements à une situation de large dépendance.

››› ***Le Gouvernement a augmenté les recettes de l'État et donc les impôts. Certains mettent en garde sur la nécessité de ne pas dépasser un niveau de pression fiscale intenable pour les contribuables. Quel est-il ?***

‹‹‹‹‹ Il faut être très précis, il n'y a pas un niveau au-delà duquel la dette devient facteur de décroissance. La polémique née autour des thèses Reinhart-Rogoff (*cf.* chapitre 1) s'est éteinte avec la mise en cause de leurs résultats empiriques. En revanche, il y a « l'effet Laffer », du nom de l'économiste américain Arthur Laffer. Selon lui, les impôts peuvent être augmentés et leur rendement est alors conforme à leur progression. Cependant, il arrive un moment où la tendance s'inverse : l'impôt augmente mais son rendement baisse. La saturation fiscale est alors telle qu'elle provoque des comportements de fuite, des arbitrages entre travail et loisirs différents, certaines personnes passent de l'économie blanche à l'économie grise, d'autres arrêtent de travailler, ne payent pas leurs impôts, font faillite… C'est ce qu'on appelle l'effet Laffer et peut-être est-on en train de le vivre en ce moment.

Chapitre 5

Un changement de modèle ?

Depuis 1973, le monde est secoué de crises. Celles-ci sont autant de révélateurs, de « fenêtres ouvertes » sur la grande transformation à l'œuvre ces quarante dernières années. Plusieurs évolutions – la mondialisation, la financiarisation des économies, la révolution des nouvelles technologies, l'écologisation de l'économie – ont marqué ce bouleversement. Vers quel modèle de développement sommes-nous en train de nous diriger ? Est-il déjà stabilisé ?

››› ***Nous dirigeons-nous aujourd'hui vers un nouveau modèle de développement ?***

‹‹‹‹‹ Nous ne sommes pas dans une crise permanente depuis 1973 et aucun des grands discours ne permet de rendre compte de la « grande transformation ». En revanche, un nouvel ordre économique a progressivement émergé, fruit d'une tectonique des plaques géopolitique et économique et d'événements extrêmes qui ont fonctionné comme des révélateurs ou des accélérateurs.

Le premier choc pétrolier marque l'irruption de la question énergétique sur la scène géopolitique mais aussi économique. Avec le recul du temps, il marque aussi la fin des « Trente Glorieuses », c'est-à-dire la fin du rattrapage des Américains par les Européens, cette période de croissance tirée par de forts gains de productivité, la disposition d'une énergie bon marché et d'une main d'œuvre sous-employée. En un sens, les percées technologiques de la seconde révolution industrielle ne sont véritablement assimilées et diffusées que pendant cette période. Le triomphe de Deng Xiaoping en Chine et la chute du mur de Berlin dans les années 1980 ouvrent la voie à la mondialisation telle que nous l'entendons, c'est-à-dire à la fois l'unification commerciale et financière de la planète, l'irruption sur la scène productive marchande de milliards de nouveaux bras et l'éclatement des chaînes de valeur des produits sur l'ensemble de la planète. Au même moment, la question climatique émerge et suscite des débats enflammés sur l'avenir de la planète et les stratégies économiques pour la sauver… Un moment, au milieu des années 1990, on croit à une nouvelle ère de développement continu tiré par la vague numérique qui nous vient des États-Unis, l'abolition des frontières économiques, la floraison des pays ateliers industriels et l'existence de juges de paix mondiaux. Le progrès technique revenu, l'inflation abolie, on pouvait croire au retour de la prospérité. Mais cette nouvelle croissance se révélait polarisante, inégalitaire, concentrant les richesses chez les financiers et les « manipulateurs de symboles », plongés dans la mondialisation et la révolution technologique. Dans un monde globalement moins inégalitaire, les inégalités se développaient au sein des anciennes économies développées. C'est alors qu'une finance globalisée, libéralisée et autorégulée a commencé à faire preuve d'une grande inventivité pour diffuser la prospérité même quand les revenus ne progressaient plus. On le voit, les grandes plaques économique, géopolitique, technologique et énergétique se déplacent lentement et il faut des événements extrêmes pour que ce réel en transformation fasse irruption.

Par « événements extrêmes », j'entends des faits non anticipés et aux effets si violents qu'ils ont bouleversé la dynamique et les propriétés de systèmes considérés comme stables et immuables. La période a connu un nombre important d'événements répondant à cette définition. En remontant le cours du temps, on rencontre d'abord la crise des *subprimes*, qui a eu deux dimensions. Premièrement, il s'agissait d'une bulle d'une catégorie d'actifs. En cela, elle était d'une grande banalité, puisque le propre du capitalisme est d'engendrer des bulles d'actifs et de crédits. On en avait connu beaucoup par le passé et on en connaîtra encore beaucoup dans le futur. Ce qui a fait la singularité de la bulle des *subprimes*, ce sont ses effets d'enchaînement, de propagation, sur l'ensemble des classes d'actifs financiers, aux États-Unis d'abord, et dans le reste du monde ensuite. Mais il est une deuxième dimension dans cette crise. À la faveur de la contagion dans la sphère financière, c'est tout le continent, inconnu de la plupart des gens, de la finance fantôme qui apparaît. Cette crise a été d'une violence telle qu'elle a cassé le mouvement de croissance et mis en cause le modèle économique et financier dominant, celui du capitalisme anglo-saxon. Cette finance non maîtrisée et peu régulée avait plongé ses racines au cœur de l'économie et de la société américaines à travers le financement du logement et de la consommation. C'est donc bien un événement extrême, au sens où personne ne l'avait anticipé, et un révélateur de mouvements profonds se développant à bas bruit. J'insiste, contrairement à ce que prétendent aujourd'hui les champions de la lucidité rétrospective, la crise telle que nous l'avons connue n'a guère été annoncée. Certes, beaucoup avaient prévu une crise des *subprimes*. Par exemple, dans un livre publié en 2005, *Le Nouvel Âge du capitalisme*, j'avais écrit que la prochaine crise serait celle de l'immobilier américain. Mais, justement, la crise des *subprimes* n'est pas qu'une crise de l'immobilier américain, sinon elle n'aurait pas produit tous les effets déstabilisateurs qu'elle a eus. Pour citer des gens plus illustres, Nouriel Roubini, professeur d'économie à l'université de New York, avait bien prévu une crise, mais liée à la surévaluation du dollar, qui se serait effondré au moment du retournement conjoncturel. Or, ce n'est pas du tout ce qui s'est passé. Même si une crise du crédit lié à la consommation a eu lieu, elle n'a pas produit l'effondrement du dollar que cet économiste avait annoncé.

Si on continue notre remontée dans le temps, un peu avant les *subprimes*, il y a bien sûr le 11 septembre 2001. C'est d'abord une rupture majeure dans l'ordre géopolitique : du jour au lendemain, il a fallu s'habituer au djihadisme et à sa capacité à porter le combat au cœur de la métropole de la puissance dominante, de l'« hyperpuissance », selon le mot d'Hubert Védrine. Les États-Unis ont été conduits à se poser des questions fondamentales sur ce que devait être leur stratégie et sur la nature de la bataille qui leur était livrée. Était-ce une guerre ou un phénomène plus limité relevant plutôt du terrorisme et d'investigations policières ?

Mais le 11 Septembre ne peut être réduit à sa seule dimension géopolitique. Il a également eu une forte dimension géoéconomique, en poussant à s'interroger sur la mondialisation. Cet attentat a plongé dans le chaos le système d'information et le système financier des États-Unis. À sa suite, les circuits logistiques ont dû être complètement revus, en introduisant davantage de sécurité pour se protéger des risques terroristes. C'est ce qu'Érik Izraelewicz avait appelé « l'impôt Al-Qaïda ». Je me souviens également de débats sur la soutenabilité d'un modèle économique de mondialisation, fondé sur l'extension à l'échelle mondiale des chaînes d'approvisionnement, dans un monde où il fallait se soucier en permanence du risque d'interruption des flux de marchandises, de communications ou des flux financiers. Or cette idée d'un monde fini, sillonné de réseaux d'information qui peuvent être interrompus à tout moment par une agression terroriste, remet fondamentalement en cause la mondialisation elle-même. Voilà donc un deuxième événement majeur et disruptif dans l'ordre géopolitique mais qui révèle aussi l'extension des processus de segmentation des chaînes de valeur et la dépendance grandissante des économies européennes et américaines à l'égard de fournisseurs lointains et éclatés.

Mais, au-delà de ces ruptures géopolitiques, le monde a également connu d'autres grands événements structurants, là aussi totalement inattendus, qui ont complètement bouleversé la donne. Je pense, par exemple, à Fukushima en 2011, qui revêt une double dimension. D'abord, c'est un accident écologique majeur, un tremblement de terre et un tsunami (peu de temps auparavant, d'autres tsunamis avaient d'ailleurs eu lieu, comme en 2004 sur les côtes de l'océan Indien). Il compte parmi ces événements climatiques ou physiques extrêmes qui, par leur violence, dépassent ce qui avait été couramment anticipé ou modélisé, et dont on a assisté à la multiplication. Ces événements sortent des normes sur lesquelles les référentiels de construction des bâtiments et de résistance à des chocs naturels ont été établis. La seconde dimension de Fukushima est bien entendu celle d'un accident nucléaire capital provoqué par le tsunami. Il a conduit à reposer fondamentalement la question de l'avenir du nucléaire dans le *mix* énergétique des pays développés comme des pays émergents. Toutes les réponses, admises jusque-là, au défi de l'épuisement programmé des énergies fossiles ont été réexaminées. C'est donc toute la vision de l'après-pétrole et des équilibres énergétiques qui s'est trouvée affectée par cet accident, l'alternative nucléaire n'étant plus véritablement considérée comme telle. Parallèlement, presque simultanément à l'accident de Fukushima, on a découvert le gaz de schiste et ses effets, là aussi formidables, sur les évolutions de notre conception du *mix* énergétique. Dans des pays comme les États-Unis, les problématiques de désindustrialisation/réindustrialisation ont été de ce fait entièrement revues.

Voilà quelques exemples d'événements extrêmes qui ont eu des effets bouleversants dans les domaines de l'énergie, de la croissance économique, des équilibres écologiques et géopolitiques. C'est le premier élément à avoir présent à l'esprit lorsqu'on étudie ces quarante dernières années : des événements extrêmes qui conduisent subitement à reposer en des termes remarquablement nouveaux les grandes problématiques. Cependant, eux-mêmes sont la conséquence d'un changement de monde, de modèle de croissance, qui s'est manifesté par plusieurs grandes évolutions.

››› ***Quel est-il et quelles sont ces grandes évolutions ?***

‹‹‹‹‹ Le premier basculement, c'est celui de la mondialisation, qui est bien entendu le grand événement économique de ces quarante dernières années. Il me semble que ce qui en rend le mieux compte est un événement géopolitique majeur.

En effet, on a l'habitude de dater le début de la domination incontestée de l'Occident sur le reste du monde autour de 1820, quand les anciennes puissances asiatiques, et notamment la Chine, s'effondrent littéralement. À ce moment, la Chine qui avait tous les atouts de la croissance et du développement – un niveau technologique élevé, des ressources, des capacités organisatrices – laisse passer l'opportunité de la croissance en choisissant de se replier sur elle-même, de se refermer. Ce moment, que les Chinois appellent « la Grande Parenthèse », est en train de se refermer. Aujourd'hui, on assiste à la fin de l'hégémonie du monde occidental : ce sont ceux d'abord appelés les « marchés » puis les « pays émergents », et ensuite les « pays émergés », qui tirent désormais la croissance mondiale. La Chine, dans les dix ou quinze ans qui viennent, dépassera probablement les États-Unis et deviendra la première puissance économique mondiale. Cela ne veut certainement pas dire que la puissance chinoise remplacera la puissance américaine terme à terme. Les Américains resteront, individuellement, les plus riches de la planète. La Chine, même devenue première puissance économique mondiale, ne sera pas le pays le plus riche du monde si on en juge par le pouvoir d'achat de ses citoyens, puisque sa richesse sera répartie entre 1,4 milliard d'habitants. De même, les États-Unis demeureront une grande puissance politique, ne serait-ce qu'à cause de leur *hard* et de leur *soft power*. Le modèle politique institutionnel et les modes de vie chinois ne sont pas considérés comme désirables par la plupart des citoyens de la planète. Le rayonnement des États-Unis, ou plus généralement du monde occidental, ne disparaîtra donc pas soudainement. D'un point de vue géopolitique, il ne semble pas possible de dire qu'une hyperpuissance se substituera à une autre, ni même que nous nous dirigeons vers un monde bipolaire ou multipolaire. Il me semble, en revanche, que nous allons vers un monde plus fluide, plus problématique, plus conflictuel, où il n'y aura ni autorité ni régulateur incontestés.

En tout cas, le phénomène économique capital de ces quarante dernières années a bien été la formidable ascension des pays émergents. Il y a quarante ans, la Chine ne comptait simplement pas en termes d'échanges sur la surface de la planète et aujourd'hui elle représente plus de 10 % du commerce mondial. Le PIB chinois était alors insignifiant et sa croissance faible, alors qu'il est devenu le deuxième du monde et progresse encore de près de 8 % par an, après avoir augmenté à un rythme proche de 12 % l'an jusqu'à ces trois dernières années. Derrière la Chine, arrivent en rangs serrés les Émergents, qui ne sont plus des Émergents en réalité, comme l'Inde, le Brésil, l'Indonésie, le Vietnam, obligeant les experts économiques à multiplier les acronymes en parlant des BRICS (Brésil, Russie, Inde, Chine, Afrique du Sud), des CIVETS (Colombie, Indonésie, Vietnam, Égypte, Turquie, Afrique du Sud) pour rendre compte de cette transformation du monde. Enfin, l'Afrique arrive avec ses immenses réserves naturelles et son formidable potentiel démographique.

Le monde est engagé dans un changement rendu possible par le choix, fait au cours des trente dernières années, de libéraliser les échanges mondiaux. C'est ce qui a donné lieu aux différents cycles commerciaux, d'abord du GATT (*General Agreement on Tariffs and Trade*), puis de l'OMC (Organisation mondiale du commerce) à partir de 1994, accompagnés d'une libéralisation des transactions financières aux effets moins heureux qu'en matière commerciale, même si aucun développement économique réel ne peut avoir lieu sans développement financier. Nous nous trouvons dans un monde où la croissance des échanges s'est accélérée. Les flux directs d'investissement, c'est-à-dire les mouvements de capitaux entre pays, ont progressé encore plus vite que les échanges, et les transactions financières se sont développées encore plus rapidement que ces flux directs de capitaux. Le monde est de plus en plus sillonné par des vecteurs d'échanges physiques – les fameux *tankers* –, d'échanges de connaissances, d'informations, de flux financiers : la planète est véritablement unifiée. Certains ont considéré que, dans la foulée des développements de ces échanges et de cette intégration du monde, le modèle démocratique de marché s'imposerait progressivement. Or, ce n'est pas du tout ce qui s'est passé : à la faveur de la mondialisation, plusieurs modèles économiques sont en train de se dégager.

››› ***Pouvez-vous les détailler ?***

‹‹‹‹‹ On peut en compter au moins trois. Le premier, le modèle de capitalisme libéral régulé à l'anglo-saxonne, a subi un formidable choc à l'occasion de la crise. Ce modèle – fondé sur la libéralisation, la déréglementation, l'autorégulation, la privatisation, des instances de régulation indépendantes, une capacité du pouvoir politique à superviser l'économie en prévenant les crises à travers des dispositifs établis avec les tiers de confiance que sont les agences de notation, les normes comptables, des normes de sécurité financière, etc. –, qu'on pourrait appeler celui du consensus de Washington, a été mis en difficulté par la crise. Il est donc aujourd'hui beaucoup moins attractif qu'avant les crises des années 2000.

Qu'est-ce que le consensus de Washington ?

Cette expression désigne un ensemble de dix mesures, présentées en 1989 dans un article de l'économiste américain John Williamson. L'application de ces dispositions était conseillée par les organisations financières internationales siégeant à Washington, comme la Banque mondiale et le Fonds monétaire international, aux pays en difficulté économique, notamment en raison de leur dette, comme ceux de l'Amérique latine à l'époque.

Ces mesures libérales ont été fortement inspirées par l'École de Chicago. Parmi elles, on trouve une stricte discipline budgétaire, une réorientation des dépenses publiques, une libéralisation du commerce extérieur, des privatisations...

Un deuxième modèle, qu'on pourrait appeler le « consensus de Pékin », s'est développé de façon quasi symétrique au premier. Il s'agit d'un capitalisme autoritaire qui ne s'appuie pas sur l'expansion de la démocratie pour favoriser la prospérité. Ce processus contredit l'idée selon laquelle plus une économie se modernise et plus la société se démocratise. La démocratie, avec ses libertés individuelles, ses institutions juridiques et sa protection des droits, n'est pas jugée indispensable à la croissance et au développement économique. Dans le cas chinois, on assiste au contraire au mariage d'un régime autoritaire en matière politique et d'une économie de marché. Dans certains domaines (absence de régulation protectrice dans le domaine du travail, de l'environnement, etc.), les dirigeants pratiquent un libéralisme quasi manchesterien. Une grande autonomie est laissée aux régions et les entreprises privées peuvent jouir d'une grande indépendance. On y trouve également de puissantes entreprises publiques jouissant de privilèges marqués en matière de financement ou de commerce et bénéficiant de passe-droits dans le domaine foncier, ce qui n'a également rien à voir avec notre modèle économique régulé, organisé. La capacité des autorités chinoises à modifier d'un seul coup les règles du jeu est une autre des caractéristiques de ce modèle, alors que nous sommes habitués à des normes juridiques protectrices sans effet rétroactif. Bref, ce mélange d'étatisme et de marché, d'autoritarisme et de fonctionnement décentralisé, non seulement réussit à la Chine, mais conduit également un certain nombre de pays à s'interroger sur les mérites respectifs des modèles « nationaliste autoritaire discrétionnaire à la chinoise » et « capitaliste démocratique libéral régulé ».

Enfin, il y a un troisième modèle celui du « consensus de Francfort ». C'est un modèle européen qui est évidemment très éloigné du modèle chinois, mais sans pour autant être identique au modèle anglo-saxon. Il est en place dans un ensemble de pays qui, bien entendu, partagent la logique économique libérale de marché et le modèle démocratique, mais qui, en même temps, ont poussé très loin la logique de l'État protecteur redistributif et le souci écologique. Avec le consensus de Francfort, est mise en avant l'idée qu'un ensemble d'économies ouvertes peut exister sans pour autant adhérer aux vertus illimitées de l'autorégulation ou de l'enrichissement individuel. La singularité de ce modèle est donc d'être un capitalisme tempéré. Tempéré par la régulation, par le rôle des autorités publiques, par la lutte contre les inégalités, l'importance des politiques de redistribution, le rôle de l'État protecteur, mais également tempéré par le souci écologique. Les Européens sont les seuls à s'être donné des objectifs ambitieux, et ce depuis longtemps, en matière de maîtrise des effets du réchauffement climatique. Ils ont été les acteurs majeurs du protocole de Kyoto signé en 1997 et le sont encore aujourd'hui pour la promotion des énergies renouvelables. C'est en cela que ce modèle est quelque peu différent du modèle américain. Ce qui le caractérise est l'importance de la norme et de la régulation. Zaki Laïdi, fondateur du *think tank* Telos, décrit l'Europe comme un « empire normatif » et il n'a pas tort. Sa spécificité est une croyance enracinée en un ordre économique mondial pacifié, régulé, dont l'évolution est cadrée par des négociations. Les Européens croient beaucoup aux vertus du polycentrisme, de la multipolarité, d'un ordre normatif poussé, d'instances indépendantes de régulation, d'instances d'arbitrage. Au fond, ils sont les utopistes d'un monde régulé, organisé autour d'une communauté internationale civilisée d'États redistributifs. Ce n'est ni le modèle chinois, ni le modèle américain.

Voilà ce qu'on peut dire de la mondialisation. Avant l'effondrement du Mur et la « révolution » de Deng Xiaoping des années 1980, le monde de l'échange était limité à environ 800 millions de personnes. À côté, se trouvaient la galaxie communiste et celle des pays autocentrés. Après ces deux grands événements géopolitiques, on a assisté à une certaine unification de la planète et, aujourd'hui, je dirais : « Au festin de l'échange, c'est le monde entier qui est invité. » Et le premier résultat incontestable de cette mondialisation est qu'à peu près 1,5 milliard d'hommes sont sortis de la misère pour accéder à un niveau de vie plus décent. De ce point de vue, cette mondialisation est un succès.

››› ***Quelle est la deuxième grande évolution par laquelle s'est manifesté ce changement de monde ?***

‹‹‹‹‹ Il s'agit de la financiarisation des économies et de la multiplication des crises financières au cours des quarante dernières années. Économie réelle et finance sont inséparables. Tout acte économique comporte une dimension financière. Dès lors que la décision de consommer est différée dans le temps, qu'un pari est fait sur ce que sera la production future, par exemple pour les agriculteurs sur la récolte à venir, il faut passer par des instruments financiers. La finance est un allié du développement économique réel.

Où est le problème ? Au cours des quarante dernières années, les évolutions économiques et démographiques ont conduit la finance à jouer un rôle de plus en plus important dans nos économies. Il y a d'abord la fin du système de Bretton Woods qui a créé une instabilité sur les taux de change (*cf.* chapitre 1). Le vieillissement général des populations occidentales, ensuite, qui va provoquer un changement dans la nature de l'épargne (développement de vecteurs de gestion collective et nécessité de se prémunir contre des risques divers liés au développement des fonds de pension et de la capitalisation). Le développement de la propriété immobilière, notamment aux États-Unis, est une troisième évolution renforçant le rôle de la finance. Dans des systèmes de marchés financiers avec faible intermédiation bancaire, comme le système américain, le développement de la propriété immobilière a entraîné celui du crédit immobilier et de la titrisation. Les variations brutales des politiques monétaires, notamment du fait des phénomènes très inflationnistes d'un côté, puis stagflationnistes de l'autre, ont participé aussi à ce mouvement. Elles ont conduit des acteurs à vouloir se protéger contre les risques d'évolution des taux, d'où la multiplication des produits dérivés. Les politiques de déréglementation et de libéralisation, qui ont permis à toute une série de nouveaux acteurs d'entrer sur les marchés du transport aérien, de l'énergie, ou des télécommunications, ont également engendré de nouveaux besoins financiers à satisfaire et ont conduit à l'invention de nouveaux véhicules de financement. Et enfin, plus généralement, la volonté de maintenir un certain niveau de consommation, même lorsque l'évolution des revenus ne le justifie pas, ont abouti à des formules de développement du crédit à la consommation.

Progressivement, le modèle financier cristallisé dans le *Glass-Steagall Act* et sur lequel nous avons vécu après la crise de 1929 a été mis à mal par ces évolutions pour définitivement voler en éclats à la fin des années 1990. L'opinion commune était alors que sa disparition avait plutôt contribué à favoriser la croissance, l'innovation, la consommation, le développement des échanges et, ce que nous nommons aujourd'hui d'un terme très péjoratif, la financiarisation de l'économie. Ce dernier aspect a d'abord été vécu comme l'essor d'une capacité financière au service de la croissance de l'économie, de l'intégration de l'économie mondiale et de l'accroissement des échanges.

Mais à la fin des années 1990 et dans les années 2000, toute une série de crises – crise de la nouvelle économie, crise d'Enron et des normes comptables, crise des *subprimes* – ont mis en lumière le fait que, bien souvent, la ligne jaune avait été franchie entre le produit financier innovant et le pur produit de spéculation qui n'est justifié que par lui-même. Beaucoup des régulations mises en place étaient en fait contournées par des techniques d'arbitrage réglementaire et, surtout, les licences accordées à certains acteurs financiers gérant des produits financiers trop complexes, qui disposaient ainsi d'une espèce de privilège d'autorégulation, conduisaient en réalité à une perte de maîtrise totale du système.

Au fond, la crise démarrée en 2007 a révélé que cette finance était devenue immaîtrisable et, ce qui est beaucoup plus grave, qu'elle fonctionnait sur des incitations perverses avec des autorités de régulation « sans dents », c'est-à-dire dépourvues de la capacité de mordre. Surtout ce développement financier en situation de crise systémique mettait en cause directement les États et les contribuables, car la finance était devenue tellement importante que personne ne pouvait assister les bras croisés à la faillite des institutions financières devenues « trop grosses pour faire faillite » (*too big to fail*). Ce recours ultime à l'État et au contribuable, pour venir en aide à une finance qui avait échappé à tout contrôle, a conduit les autorités de régulation, et surtout les autorités politiques, à envisager soit le retour à un ordre dur – celui de la séparation et de la spécialisation bancaires –, soit une répression financière stricte en interdisant certaines activités, soit encore une régulation plus sophistiquée et plus active, à travers la réforme des normes prudentielles et la modulation des différents ratios prudentiels ou de liquidités.

››› *Des enseignements ont-ils pu être tirés de ces expériences ?*

‹‹‹‹‹ Les crises que nous venons de traverser, malgré les signaux d'alarme, même faibles, décelables dans les décennies précédentes, n'ont pas abouti à un changement radical de modèle. Il n'y a pas eu de « grand soir ». Il est donc raisonnable de penser que de nouvelles bulles spéculatives se développeront, que de nouveaux krachs auront lieu mais qu'en revanche, les moyens d'éviter le pire en cas de crise quasi systémique existent, comme l'expérience récente l'a montré.

Même si ce n'est absolument pas une assurance tous risques pour l'avenir, l'ordre financier actuel se caractérise par plusieurs éléments.

Tout d'abord, il a donné lieu à une nouvelle vague de régulation. De nouvelles normes ont été introduites, le risque systémique est mieux identifié, la régulation macroprudentielle a été installée, des régimes de liquidation de banques en difficulté ont été mis en place, de nouvelles normes ont été adoptées en matière de règles prudentielles et de règles de liquidité. Bref, tout un appareil régulatoire a été mis en place avec de nouvelles institutions, inspiré par la volonté claire des États de ne faire appel au contribuable qu'en dernier ressort, après les actionnaires et les *bond holders*. C'est le premier élément de l'ordre financier actuel : la mise en place d'une nouvelle « couche » de régulation.

Le deuxième élément important de l'ordre financier actuel est le savoir, acquis avec l'expérience de la crise des *subprimes*, que le pire en matière économique et financière peut être évité grâce à l'action des institutions financières comme le Fonds monétaire international, le G20, le Conseil de stabilité financière, etc.

Enfin, le troisième élément, majeur à mon avis, tient à la véritable question qui se pose dans ce monde nouveau, celle des risques de fragilisation. À partir du moment où la position relative du monde occidental s'affaiblit et où les nouveaux Émergents – la Chine, l'Inde, etc. – n'ont pas manifesté l'envie de jouer un rôle dans la régulation ou l'édiction de nouvelles normes, n'y a-t-il pas un risque de fragilisation ? Celui-ci peut être combattu par des gestions financières plus classiques adoptées par certains d'entre eux. Néanmoins, les quelques informations disponibles sur la montée des mauvais risques dans les pays émergents est un sujet d'inquiétude.

››› *Après la finance, quelle autre grande évolution manifeste ce changement de monde ?*

‹‹‹‹‹ La troisième grande évolution de ces quarante dernières années est l'avènement de la troisième révolution industrielle. Le potentiel des nouvelles technologies de l'information et de la communication, des sciences du vivant et des matériaux a littéralement explosé. Notre univers économique, en termes de consommation et de production et même de modèles économiques, en a été fondamentalement transformé.

Il suffit de constater comment notre environnement matériel a été bouleversé par l'introduction des nouveaux objets numériques, la révolution de la micro-électronique, de la micro-informatique, de la miniaturisation des composants qui ont permis le développement du téléphone portable, du micro-ordinateur, etc. Notre univers de consommation est peuplé de nouveaux objets qui étaient rigoureusement inconnus il y a encore peu de temps. Ces nouvelles technologies participent également à la révolution de la production, des *process* et au développement de la virtualisation – conception assistée par ordinateur (CAO), fabrication assistée par ordinateur (FAO) –, des plateformes coopératives de travail à distance, du travail de robotisation, de tout ce qui est lié maintenant à la RFID (*radio frequency identification*). L'univers de la production a donc été révolutionné et ces innovations ont constitué un facteur d'accélération des gains de productivité absolument évident. L'apparition d'entreprises, devenues des géants mondiaux comme Google, dont le modèle économique est fondé « sur la gratuité », est un véritable bouleversement. L'aventure de la nouvelle économie qui a permis la valorisation d'entreprises n'ayant ni actifs apparents, ni chiffre d'affaires l'a été également. Un modèle économique tout à fait original, fondé sur la propriété intellectuelle et le paiement par des tiers, est alors apparu et s'est développé.

Cette troisième révolution industrielle a été au cœur des débats économiques des années 1990 et du début des années 2000. Il s'agissait de déterminer si la révolution numérique était de la même ampleur que celles de l'électricité, de la vapeur et de la mécanique et si elle engendrait des gains de productivité similaires. À la veille de la crise, ce débat a d'abord été tranché par l'affirmative : nous assistions à une nouvelle vague d'accélération des gains de productivité. Mais en observant une période plus longue, on s'aperçoit que globalement le rythme des gains de productivité au cours de la dernière décennie s'est ralenti par rapport à celui de la décennie précédente. Deuxièmement, des gains de productivité, liés à l'introduction des nouvelles technologies de l'information, aussi importants qu'aux États-Unis n'ont pas été observés en Europe. Et, troisièmement, même aux États-Unis, un moindre effet de ces grandes révolutions technologiques se fait sentir.

Ceci a conduit un certain nombre d'observateurs à se demander si une nouvelle révolution industrielle avait bien lieu. Ce débat n'est pas tranché. Deux grandes écoles s'affrontent. L'une est incarnée par l'économiste américain spécialiste de l'évolution des analyses de productivité, Robert Gordon. Ses travaux ne le conduisent pas à croire en l'existence d'une troisième révolution industrielle. Internet ne bouleverse pas l'économie comme le moteur à explosion ou l'électricité ont pu le faire. Pour lui, on assiste bien à un ralentissement durable du *trend* de croissance potentiel, lié à de plus faibles gains de productivité en raison d'une moindre dynamique du progrès technique. Face à Robert Gordon, des économistes comme Daniel E. Sichel ou Stephen D. Oliner soutiennent que ce ralentissement des gains de productivité est dû à la difficulté de quantifier l'impact de ces révolutions de la virtualité. Comment mesurer les gains de productivité obtenus par un nouveau logiciel, par exemple ? Pour eux, le problème réside dans le fait que les statistiques sont construites aujourd'hui pour un monde tangible. Or, la révolution industrielle actuelle est celle de l'intangible. Néanmoins, on assiste globalement à un ralentissement des gains en termes de croissance, les taux de croissance s'infléchissent et ne se redressent pas.

On est alors tenté d'étudier ce qui se passe au niveau microéconomique à partir de deux exemples : le numérique, et la santé et les sciences de la vie. Du côté du numérique et des technologies de l'information et de la communication, il semble que des limites sont en train d'être atteintes, notamment en termes de chute des prix suite à l'introduction de nouvelles générations de composants, de logiciels ou d'*operating systems*. Des données concordantes montrent qu'une moindre dynamique est à l'œuvre dans la période récente par rapport à la décennie précédente. Du côté des sciences du vivant, un effondrement absolument manifeste de la rentabilité de la recherche pharmaceutique est constaté. Il est lié au coût de recherche d'une nouvelle molécule de plus en plus élevé – au moins un milliard de dollars aujourd'hui –, au nombre de plus en plus réduit de nouvelles molécules découvertes et à leur efficacité thérapeutique de moins en moins avérée. Là encore, certains soutiennent que les observations ne concernent pas les bons domaines, notamment celui en développement des thérapies géniques et ciblées. Ce seraient dans ces secteurs – et non plus dans la vieille science chimique – qu'une nouvelle science du vivant serait en train de se développer et que résideraient de considérables progrès. Cependant, une baisse de rendement de la recherche pharmaceutique est également constatée dans ces domaines.

Quand on revient au niveau d'observation macroéconomique, les importants gains de productivité sur les dix dernières années sont relevés dans des pays en rattrapage, c'est-à-dire ceux disposant gratuitement des anciennes technologies qu'ils déploient alors de manière industrielle. En revanche, pour les vieux pays développés, il n'est pas évident que leur avantage puisse être renouvelé par la dynamique de cette troisième révolution industrielle.

En résumé, il est incontestable que nous vivons dans un monde technologique effervescent. Des innovations remarquables ont lieu chaque jour dans de nombreux domaines, comme le numérique avec les technologies de virtualisation développées par des entreprises comme Dassault Systèmes, les sciences du vivant, les matériaux permettant par exemple la réduction de la consommation de carburant des nouveaux avions, l'amélioration des panneaux solaires, le développement des nanotechnologies, de la chimie verte…

Mais tout ceci ne constitue pas une révolution industrielle d'une ampleur comparable à celle du tournant des XIXe et XXe siècles (pétrochimie, électricité, moteur à combustion interne), ni même à celle de la fin du XVIIIe et du début du XIXe siècle (machines à vapeur, machines textiles). Ce n'est d'ailleurs pas étonnant, car la révolution de l'électricité n'a pas simplement été une révolution technologique et industrielle, mais elle a servi de base à une révolution de l'hygiène et de la santé et a eu des effets absolument formidables sur la longévité et les gains d'espérance de vie. Internet n'est pas porteur de ce type de potentialités.

››› ***Quelle est la dernière grande évolution qui marque ce changement de monde ?***

‹‹‹‹‹ Ce sont toutes les transformations liées à l'écologisation de l'économie, c'est-à-dire à l'idée que nous vivons dans un monde fini avec des ressources naturelles épuisables. Ce monde fini a bouleversé son environnement au cours des siècles et doit traiter maintenant la question du réchauffement climatique. Un monde fini où la population est croissante et où il est nécessaire de faire un usage plus sobre des matières disponibles en quantité limitée. Un monde fini, enfin, où il n'est simplement pas possible matériellement d'envisager la poursuite des tendances passées en termes de croissance ou de consommation, et où on est donc obligé d'inventer autre chose.

L'accord sur ce diagnostic est général et, dans le même temps, en pratique, après la prise de conscience de la conférence de Johannesburg en 2002, on assiste à un recul général. La première raison de cette évolution est que l'autorité scientifique du groupe d'experts intergouvernemental sur l'évolution du climat (Giec) a été entamée. Ce n'est pas lié, contrairement à ce que disent les climatosceptiques, à une éventuelle « prise de pouvoir » en son sein d'un groupe de scientifiques qui imposeraient leur vision des choses, mais simplement au fait que le débat scientifique, habituellement limité aux cercles des chercheurs, s'est déroulé sur la place publique. Le processus classique d'échanges contradictoires, de mise en cause de résultats de recherche, de validation ou non d'hypothèses de travail s'est retrouvé étalé aux yeux de tous et a ainsi nourri le doute sur l'infaillibilité des travaux du Giec. Cela a donné prise au développement de thèses climatosceptiques, intéressant certains groupes d'influence qui, clairement, ne souhaitaient pas se diriger vers cette voie de réforme. Les vérités d'évidence qui s'imposaient sur la scène publique sont alors devenues moins manifestes. Et, dès lors, la dynamique qui conduisait à adopter des politiques de lutte contre le réchauffement climatique de plus en plus audacieuses et coûteuses a été brisée et de plus en plus contestée. C'est le premier facteur qui a joué.

Le cinquième rapport du Giec

Fin septembre 2013, le Groupe d'experts intergouvernemental sur l'évolution du climat s'est réuni à Stockholm afin d'adopter le premier volet de son cinquième rapport qui devrait être publié en janvier 2014. Le précédent rapport datait de 2007.

Ces experts estiment ainsi que l'élévation de température constatée depuis le milieu du XXe siècle est de façon extrêmement probable, c'est-à-dire à plus de

95 % au lieu de 90 % en 2007, due à l'accumulation des gaz à effet de serre (GES) d'origine humaine. Le réchauffement moyen depuis 1880 est désormais de + 0,85°C et les trois dernières décennies sont probablement les plus chaudes depuis 1400 ans.

Selon les scénarios de développement considérés, allant du plus sobre au plus émetteur en GES, l'élévation de température pour la période 2081-2100 serait comprise entre + 0,3 et + 4,8°C par rapport à la période 1986-2005.

Les neiges et glaces se rétractent rapidement. La banquise arctique estivale a perdu entre 9,4 % et 13,6 % de sa surface depuis 1979.

L'élévation du niveau des mers pourrait varier entre 26 et 82 cm dans la période 2081-2100 par rapport à 1986-2005. Entre 1901 et 2010, l'élévation a été en moyenne de 19 cm.

Les experts estiment également très probable que l'influence humaine a participé aux changements de fréquence et d'intensité des températures extrêmes relevés depuis le milieu du XXe siècle. Les vagues de chaleur pourraient se produire plus fréquemment et durer plus longtemps.

Pour la première fois, la géo-ingénierie a été abordée. Il s'agit des dispositifs de manipulation du climat. Les experts soulignent toutefois les risques et incertitudes liés à ces techniques.

La deuxième raison de ce recul général sur les questions environnementales et climatiques est lié au coût des énergies alternatives et aux difficultés budgétaires. La transition vers les énergies renouvelables est particulièrement coûteuse. L'énergie renouvelable la moins chère aujourd'hui, l'éolien *onshore* c'est-à-dire terrestre, revient, en termes de coût complet de production, à 74 euros/MWh, l'éolien *offshore* autour de 120 euros et le photovoltaïque entre 228 et 400 euros (données du ministère du Développement durable) alors que le nucléaire actuel revient à 40 euros. L'idée sans cesse répétée par les écologistes, selon laquelle il existerait une voie peu coûteuse et créatrice d'emplois pour une transition énergétique et un changement du *mix* énergétique rapide, n'a pas tenu la route pour une raison très simple : sans subventions de l'État, ces énergies ne se développent pas. À partir du moment où la contrainte budgétaire est redevenue sérieuse, l'espace de développement de ces énergies nouvelles n'existait pas. Il reste, bien entendu, un immense potentiel de progression en matière d'usage efficace de l'énergie par une meilleure isolation des appartements, l'amélioration du rendement des moteurs, etc. Mais ces questions intéressent le grand-public, les locataires et les propriétaires, et les structures d'incitation sont donc beaucoup plus difficiles et coûteuses à mettre en place. Il reste alors l'outil de la réglementation. Celles-ci se multiplient et saturent les usagers, ce qui implique périodiquement de procéder à des chocs de simplification réglementaire.

L'économie de la transition énergétique doit donc être revue. Si des modèles économiques soutenables ne peuvent pas être construits et si le développement de ces énergies nouvelles ne peut reposer que sur l'incitation fiscale, alors, compte tenu des crises budgétaires et fiscales durables, aucun grand bouleversement n'est à espérer.

Quant au contre-exemple allemand souvent avancé, il est également en débat. L'alourdissement du coût de l'électricité atteint le seuil du supportable et la pression politique est forte pour augmenter les coûts de l'énergie pour les industriels. De plus la part des énergies intermittentes étant devenue élevée, il faut reconstruire les réseaux de transport et d'électricité. Enfin, le remplacement du nucléaire se fait aujourd'hui par des centrales au charbon, ce qui contribue à accroître les émissions allemandes de carbone. C'est la deuxième raison pour laquelle le problème n'est pas aussi simple.

Enfin, la troisième raison de ce recul est liée au caractère très curieux de vouloir imposer des réglementations développées et des surcoûts importants, afin d'économiser quelques grammes de carbone dans des pays comme la France ou l'Allemagne, alors que les grands Émergents de la planète continuent d'émettre dans l'atmosphère des gaz à effet de serre de façon croissante. Le problème est connu depuis longtemps. C'est pour cette raison que l'investissement des pays développés ou d'entreprises, dans des programmes en Afrique, en Asie, et ailleurs, a été favorisé afin de financer directement des opérations permettant de réduire les émissions de gaz à effet de serre.

Cependant, on a découvert que ces programmes coûteux n'étaient pas menés avec toute la rigueur nécessaire. Et puis surtout, après l'échec des différentes conférences post-Kyoto, est apparue clairement l'absence de volonté et de détermination des États-Unis, de la Chine et d'autres pays encore, pour entrer dans un processus de lutte contre le réchauffement climatique organisé à l'échelle mondiale.

Nous sommes donc en train de nous résigner progressivement à la montée du réchauffement climatique. Aujourd'hui, l'idée se fait jour non pas d'éviter ce réchauffement mais de rechercher des solutions et de développer des techniques permettant de remédier à ses effets. La vérité oblige à dire que depuis la conférence de Copenhague en 2009, une panne est plutôt constatée dans ce domaine.

En même temps, la prolongation des tendances est insoutenable. Actuellement en Chine, le véritable luxe pour les « nouveaux riches » est d'échapper à la vie dans les métropoles chinoises polluées. Les pays émergents investissent à marche forcée dans les technologies énergétiques alternatives pour tenter de réduire l'usage des énergies carbonées. Mais, au même moment, dans les pays développés et notamment aux États-Unis, la révolution du gaz de schiste est en train de tout remettre en cause. La disponibilité sur le sol américain d'une énergie très bon marché, abondante, facteur de réindustrialisation et d'emplois est simplement trop tentante pour ne pas être exploitée. Les États-Unis, qui s'étaient engagés dans un mouvement de diversification de leur *mix* énergétique, avec notamment un accent mis sur le nucléaire et les énergies renouvelables, sont en train d'y renoncer ou de différer leur choix. Comme ils ont de plus en plus de gaz bon marché sous leurs pieds, le charbon qu'ils ne consomment pas devient disponible pour d'autres parties du monde, et notamment l'Europe. Encore une fois, l'un des paradoxes actuels est de voir l'Allemagne qui a renoncé au nucléaire, énergie décarbonée, développer des énergies carbonées.

Enfin, le dernier facteur expliquant ce recul sur les questions environnementales est le caractère décevant des solutions économiques envisagées pour créer des incitations vertueuses à la décarbonation, comme celle des marchés de permis d'émission, grande innovation au niveau européen. En effet, par rapport à un prix du carbone estimé efficace pour inciter à des conversions énergétiques, le prix du carbone établi sur ce marché est beaucoup trop faible pour produire ce type d'effet. Au fond, le modèle européen perçu comme vertueux, parce que fondé sur des engagements volontaires de réduire les émissions et de diversifier le *mix* énergétique, fondé sur la mise en place de structures d'incitation pour les acteurs de marché, et qui devait surtout servir de modèle au reste du monde puisqu'il était accompagné d'efforts de recherche significatifs dans les nouvelles technologies et d'interdictions dans certains domaines, n'a finalement pas fait école au niveau mondial.

La régulation internationale régresse donc. Malgré les rapports (comme le rapport Stern, *cf.* chapitre 1) et les travaux effectués par des économistes établissant de manière incontestable que des mesures prises aujourd'hui seraient beaucoup moins coûteuses en termes économiques et de croissance que les effets du réchauffement climatique tels qu'on peut les anticiper, la tendance ne va clairement pas dans le sens d'une meilleure maîtrise de cette transition énergétique et d'une lutte contre le réchauffement climatique.

Le problème reste donc devant nous. Les solutions collectives n'ont pour l'instant pas fonctionné et les initiatives nationales et locales vont certainement se multiplier. Il est ainsi paradoxal de constater que le phénomène climatique, qui est typiquement global, va être traité par une mosaïque de solutions régionales ou nationales jusqu'à la prochaine alerte ou crise, qui permettra peut-être une nouvelle prise de conscience.

Il faut donc rester vigilant, à l'écoute des signaux faibles qui annoncent toujours les grandes catastrophes mais qu'on néglige toujours, car il est difficile de décider sur la base d'indices ténus.

››› ***Le modèle change. Mais est-il stabilisé ou pas encore ? Quelques pistes nous guident, mais on ne sait peut-être pas exactement à quoi tout cela va aboutir…***

‹‹‹‹‹ Nous sortons d'un monde balisé, celui de « l'hyperpuissance américaine ». Cette hyperpuissance a disparu et on sait aujourd'hui qu'elle ne sera pas remplacée. Cette période a constitué un moment assez exceptionnel où, au terme de près de deux siècles de domination occidentale, les États-Unis se sont trouvés en position archi-dominante économiquement, politiquement, culturellement. Ils vont rester une puissance importante, continuer de rayonner économiquement, politiquement et culturellement, mais ce monde d'avant n'existera plus, et la Chine ne remplacera pas terme à terme les États-Unis. Alors on pourrait dire que nous ne sommes pas dans un nouvel ordre stabilisé, mais on pourrait aussi soutenir que l'hyperdominance n'est pas non plus la norme.

Il pourrait s'agir presque d'un retour à un monde « plus normal », c'est-à-dire un monde avec plusieurs foyers d'initiative, sans force hégémonique, avec des alliances variables sur des sujets différents. Par exemple, il est frappant de constater l'échec de toutes les tentatives d'unification politique des BRICS. En fait, c'est tout à fait logique car ce concept de BRICS est totalement artificiel, inventé par un analyste de Goldman Sachs. La Russie n'est pas un pays émergent et n'a rien à voir avec la Chine. La Chine et l'Inde sont, quant à elles, de très vieilles nations, qui ont le sentiment que le moment de leur retour dans l'histoire est enfin arrivé, que la « Grande Parenthèse » de la domination occidentale est fermée.

J'hésitais à qualifier ce nouveau modèle de monde multipolaire tout à l'heure pour une raison très simple : un monde multipolaire signifierait un monde stable, organisé autour de pôles cohésifs et avec des stratégies. Or, pour ne prendre qu'un exemple, celui de l'Europe, elle semble tiraillée entre plusieurs directions et aucune vision commune et partagée ne paraît se dégager. Certains parlent de l'émergence d'un nouveau pôle, celui de l'Amérique du Nord, en supposant que le Canada, le Mexique et les États-Unis sont intégrés, ce qui n'a rien d'évident également.

Il ne s'agit donc pas du passage d'un monde unipolaire à un monde multipolaire, mais de celui d'un monde exceptionnel, caractérisé par une hégémonie avérée, à un monde beaucoup plus ouvert, instable, aux coalitions plus mobiles et au sein duquel – ce qui est important – coexistent différents niveaux d'engagement dans la communauté internationale de la part des différents pays ou pôles en présence. Ainsi, très clairement, il n'est plus acquis aujourd'hui qu'une puissance dominante au niveau mondial se sente des obligations à l'égard de la communauté internationale. Par exemple, la Chine entend déployer au maximum sa stratégie économique, notamment en Afrique, parce qu'elle a un besoin fondamental d'accès à des matières premières. Elle n'a absolument pas envie de soumettre cette stratégie à des considérations politiques, à des problèmes de droits de l'homme, de boycotts décidés par la communauté internationale... Il faut accepter de se départir de l'idée que l'ordre international est géré par une puissance hégémonique ou par une pluralité de pôles stabilisés.

En matière de régulation financière, il faut également renoncer à l'idée qu'une solution simple – comme la séparation et la spécialisation des activités bancaires et la gouvernance internationale – puisse être adoptée collectivement. Aucun modèle de séparation et de spécialisation stricte des activités bancaires ne sera mis en place et des affrontements sur la gouvernance internationale auront lieu, comme on le voit déjà dans les débats sur Bâle III, pour une raison très simple : la pluralité des modèles financiers nationaux. Si une même règle commune est adoptée, cela signifie *de facto* qu'un modèle est privilégié par rapport à un autre, par exemple le modèle de marché par rapport au modèle bancaire d'intermédiation. Cela nous renvoie au débat sur les banques universelles exposé précédemment (*cf.* chapitre 3).

De même, en matière de transition écologique, si la Chine devient le pays le plus en pointe pour les tentatives de conversion aux énergies nouvelles, de choix de solutions décarbonées, le problème est qu'elle le fait pour son propre intérêt et qu'elle ne veut pas jouer le jeu global. Quand on est une grande puissance et un important émetteur de gaz à effet de serre, mais qu'on ne veut pas jouer son rôle de grande puissance, l'ordre international est alors affaibli. Or, même en matière de transition écologique, la contrainte est la même pour tout le monde. Patrick Artus s'était amusé à extrapoler les tendances de consommation de matières premières de la Chine. Bien entendu, c'est absurde puisqu'au moment où il faisait ce calcul, la Chine croissait à un rythme de 12 % par an, contre 8 % aujourd'hui et 3 à 5 % à l'avenir. Mais il est quand même édifiant de constater qu'en extrapolant à partir de la période 1997-2007, la planète ne suffisait pas à terme. Il fallait plusieurs planètes pour fournir les matières premières nécessaires à la Chine. Or, le monde est un ensemble fini. Même si on découvre du gaz de schiste et des pétroles non conventionnels, cette ponction des ressources naturelles ne peut pas continuer à progresser indéfiniment. Chacun des pays ou groupes de pays va donc chercher des solutions de remédiation. On aboutira à un monde juxtaposant des solutions spécifiques, une sorte de *patchwork*, avec, de temps en temps, des poussées technologiques ou des découvertes, comme celle du gaz de schiste, permettant de rebattre les cartes.

Alors le grand rêve d'un monde organisé autour d'un accord de Kyoto étendu et d'une organisation mondiale de l'environnement sur le modèle de l'OMC, avec un prix du carbone fixé, avec la nécessité pour les gros émetteurs de gaz à effet de serre de payer des taxes importantes, ne risque pas de se réaliser. Cette idée d'un monde organisé autour de quelques principes établis par des économistes talentueux capables de définir les bonnes incitations et les bons effets n'est pas réalisable. Ce que certains souhaitaient également, une interrégulation, c'est-à-dire le fait que la régulation commerciale s'articule à la régulation sociale et à la régulation environnementale, n'est pas non plus à l'ordre du jour.

Ces transformations aboutissent pour l'instant à un monde moins stable, plus mobile, plus soumis à des accidents majeurs, avec une capacité de réponse organisée face aux périls extrêmes avérée, mais beaucoup moins évidente face aux risques de moyen et long termes. L'une des observations qui m'a toujours surpris consiste à dire que l'État est un stratège de long terme. Il n'y a rien de plus discutable.

››› ***C'est aussi dans la nature humaine d'agir quand on n'a plus le choix.***

‹‹‹‹‹ Oui, mais pour les États, c'est encore plus difficile. Un exemple, dans un tout autre domaine, un accord assez large existe en France depuis une vingtaine d'années sur ce qu'il convient de faire en matière économique. Pourtant, on ne le fait pas. En effet, même quand il y a accord sur le diagnostic et les solutions, la mise en œuvre politique, technique et économique est d'un coût considérable. Or les hommes politiques, qui ont le plus souvent quelques mois comme horizon de projection, ne sont simplement pas incités à mettre en œuvre les réformes nécessaires. Alors effectivement, au bord du précipice en matière économique et financière, on finit par agir. Seulement dans le cas de l'impératif climatique, c'est alors trop tard.

Bibliographie et sitothèque

- **Michel Aglietta, Sandra Rigot,**
  Crise et rénovation de la finance, Paris, Odile Jacob, 2009.
- **Michel Aglietta, Laurent Berrebi,**
  Désordres dans le capitalisme mondial, Paris, Odile Jacob, 2007.
- **Anton Brender, Florence Pisani,**
  Les déséquilibres financiers internationaux, Paris, La Découverte, 2007.
- **Anton Brender, Florence Pisani, Emile Gagna,**
  La crise des dettes souveraines, Paris, La Découverte, 2012.
- **John Cassidy,**
  How Markets fail, Allen Lane, London, 2009.
- **Élie Cohen,**
  Le nouvel âge du capitalisme, Paris, Fayard, 2005.
  Penser la crise, Paris, Fayard, 2010.
- **George Cooper,**
  The Origin of Financial Crises, Harriman House, Petersfield, 2008.
- **Charles P. Kindleberger,**
  Manias Panics and Crashes, New York, John Wiley & sons, 1996.
- **Paul Krugman,**
  The return of Depression Economics, New York, Norton & Cie, 1999.
- **Raghuram Rajan,**
  Crise au-delà de l'économie, Paris, Le Pommier, 2013.

- **Nouriel Roubini, Stephen Mihm,**
  Économie de crise, Paris, JC Lattès, 2010.
- **Robert Shiller,**
  Irrational Exuberance, Princeton, PUP, 2000.
  The Subprime Solution, Princeton, PUP, 2008.
- **Site internet d'Élie Cohen,**
  http://www.elie-cohen.eu/

Collection Doc' en poche

SÉRIE « ENTREZ DANS L'ACTU »

1. Parlons nucléaire en 30 questions
de Paul Reuss

2. Parlons impôts en 30 questions (2e édition mars 2013)
de Jean-Marie Monnier

3. Parlons immigration en 30 questions
de François Héran

4. France 2012, les données clés du débat présidentiel
des rédacteurs de la Documentation française

5. Le président de la République en 30 questions
d'Isabelle Flahault et Philippe Tronquoy

6. Parlons sécurité en 30 questions
d'Éric Heilmann

7. Parlons mondialisation en 30 questions
d'Eddy Fougier

8. Parlons école en 30 questions
de Georges Felouzis

9. L'Assemblée nationale en 30 questions
de Bernard Accoyer

10. Parlons Europe en 30 questions
de David Siritzky

13. Parlons dette en 30 questions
de Jean-Marie Monnier

14. Parlons jeunesse en 30 questions
d'Olivier Galland

21. Parlons justice en 30 questions
d'Agnès Martinel et Romain Victor

22. France 2014, les données clés
des rédacteurs de la Documentation française

25. Parlons gaz de schiste en 30 questions
de Pierre-René et Emmanuelle Bauquis
À paraître en mars 2014

26. Parlons prison en 30 questions
de Jean-Marie Delarue
À paraître en mars 2014

SÉRIE « PLACE AU DÉBAT »

11. Retraites : quelle nouvelle réforme ?
d'Antoine Rémond

12. La France, bonne élève du développement durable?
de Robin Degron

15. L'industrie française décroche-t-elle?
de Pierre-Noël Giraud et Thierry Weil

16. Tous en classes moyennes?
de Serge Bosc

23. Crise ou changement de modèle?
d'Élie Cohen

24. Réinventer la famille?
de Stéphanie Gargoullaud et Bénédicte Vassallo

27. Un enfant à tout prix?
de Martine Gross et Claire Neirinck
À paraître en mars 2014

28. Le danger est-il dans nos assiettes?
de Stéphane Le Bouler et Marc Mortureux
À paraître en mars 2014

SÉRIE « REGARD D'EXPERT »

17. Le vote populiste en Europe
de Laurent Bouvet
À paraître en mars 2014

18. Les politiques de l'éducation en France
d'Antoine Prost et Lydie Heurdier
À paraître en mars 2014

19. La face cachée de Harvard
de Stéphanie Grousset-Charrière

20. La criminalité en France
de Christophe Soullez

Imprimerie de la Direction de l'information légale et administrative
N° 663130090-R10214 – Dépôt légal : octobre 2013

IMPRIM'VERT®